DIE URTEILE UND DIE LÖCHER

Die Spur der Anti-Donald Trump-Verschwörung und der Müller-Untersuchung

Buch 2 von "TROTZ IHNEN"

Janvier T. Chando

TISI BOOKS

NEW YORK, RALEIGH, LONDON, AMSTERDAM

VERÖFFENTLICHT VON TISI BOOKS

ISBN-13: 978-1-6954-6292-2

ISBN-10: 1-6954-6292-0

VERÖFFENTLICHT VON TISI BOOKS

www.tisibooks.com

NEW YORK, RALEIGH, LONDON, AMSTERDAM

Gedruckt in den Vereinigten Staaten von Amerika

Sachbücher von Janvier T. Chando

TROTZ IHNEN: Die Zwei-Amtszeiten-Präsidentschaft von Donald Trump
FALLEN HEROES: Afrikanische Führer, deren Attentate...
UKRAINE: Das Tauziehen zwischen Russland und dem Westen
DIE WIRKUNG EINER KANARIE IN EINER KOHLENMINE:...
Kamerun: Das heimgesuchte Herz Afrikas

Fiktionstitel von Janvier chando

Der Usurpator: und andere Geschichten
Triple Agent, Doppel kreuz
Jünger des Vermögen
Der Union Moujik
Blitz der Sonne
Vermögen Ruft
Meister des Vermögen
Kinder des Vermögen
Die Norilsk Bären
Verliebt Sein und Weise Sein
Die Feuer und Eis Legende
Der Süßeste Wahnsinn
Die Großmütter
Das Hunger Feuer
Die Schatten des Feuers
Vater und Söhne
Der arzt
Dunkle Schatten
Schicksalhafte Krawatten
Das Urteil des Hades
Prozess Gegen Seine Majestät
Ngokos Torheit
Der Usurpator
Die Mitgift
Ich bin Gehasst
Der Lümmel

Kommende Titel von Janvier Chando

Der Weiße Falke
Die Homedrifter
Sterbliche Freunde

Widmung

Dieses Buch ist gewidmet Anna M. Chitja, Dr. Samuel F. Tchwenko und Christopher N. Chando

Anerkennung

My deepest, warmest and everlasting thanks to Salomon Muna Yakana, Macdonald Chanda, Emos Mbiatom

INHALT

DIE URTEILE UND DIE LÖCHER

Buch 2 von "TROTZ IHNEN"

Zitate

"Wir stellen fest, dass die Menschheit derzeit in einen Weisen, neun Schurken und neunzig Narren von hundert geteilt ist. Das heißt, von einem optimistischen Beobachter. Die neun Schurken versammeln sich unter dem Banner der schlauesten unter ihnen und werden "Politiker"; der Weise sticht hervor, weil er weiß, dass er hoffnungslos zahlenmäßig überlegen ist und so widmet er sich der Poesie, Mathematik oder Philosophie widmet; während die neunzig Narren unter den Fahnen der neun Bösewichte in die Labyrinthe von Schikanen, Bosheit und Krieg stapfen. Es ist angenehm, ein Kommando zu haben, beobachtet Sancho Panza sogar über einer Schafherde, und deshalb heben die Politiker ihre Transparente. Außerdem ist es für die Schafe unabhängig vom Banner dasselbe. Wenn es Demokratie ist, werden die neun Schurken Abgeordnete; im Falle des Faschismus werden sie Parteiführer; wenn Kommunismus, Kommissare. Nichts wird anders sein als der Name. Die Narren werden immer noch Narren sein, die Schurken immer noch Anführer, die Ergebnisse immer noch Ausbeutung. Was den Weisen betrifft, so wird sein Schicksal unter jeder Ideologie ähnlich sein. Unter der Demokratie wird er ermutigt, in einer Mansarde zu verhungern, unter dem Faschismus wird er in ein Konzentrationslager gesteckt, unter dem Kommunismus wird er liquidiert."

T.H. White

"Denken Sie daran, denken Sie immer daran, dass wir alle und insbesondere Sie und ich von Einwanderern und Revolutionären abstammen."

Franklin D. Roosevelt

"Wir sind dabei, das zu schaffen, was es verdient, die Idiotenkultur genannt zu werden. Es ist keine idiotische Subkultur, das hat jede Gesellschaft, die unter der Oberfläche sprudelt und die harmlosen Spaß bieten kann sondern die Kultur selbst. Zum ersten Mal , das Seltsame und das Dumme und das Grobe werden zu unserer kulturellen Norm, sogar zu unserem kulturellen Ideal."

Carl Bernstein

"Wenn du mit deinem Feind Frieden schließen willst, musst du mit deinem Feind zusammenarbeiten. Dann wird er dein Partner."

Nelson Mandela

"Der gefährlichste Mann für eine Regierung ist der Mann, der in der Lage ist, Dinge für sich selbst zu überlegen, ohne Rücksicht auf die vorherrschenden Aberglauben und Tabus. Fast zwangsläufig kommt er zu dem Schluss, dass die Regierung, unter der er lebt, unehrlich, verrückt und unerträglich ist und wenn er romantisch ist, versucht er es zu ändern. Und selbst wenn er nicht romantisch ist, neigt er dazu, Unzufriedenheit unter denjenigen zu verbreiten, die es sind."

H. L. Mencken

"Die Menschheit muss dem Krieg ein Ende setzen, bevor der Krieg der Menschheit ein Ende setzt."
John F. Kennedy

"Hier geht es um die Verrückten. Die Außenseiter. Die Rebellen. Die Unruhestifter. Die runden Stifte in den quadratischen Löchern. Diejenigen, die die Dinge anders sehen. Sie mögen keine Regeln. Und sie haben keinen Respekt vor dem Status Quo. Sie können sie zitieren, ihnen widersprechen, sie verherrlichen oder verunglimpfen. Das Einzige, was Sie nicht tun können, ist, sie zu ignorieren. Weil sie Dinge verändern. Sie treiben die Menschheit voran. Und während manche sie als die Verrückten ansehen, sehen wir sie als Genie. Weil die Leute, die verrückt genug sind, um zu glauben, sie könnten die Welt verändern, sind sie diejenigen, die es tun."
Rob Siltanen

"Die dunkelsten Plätze in der Hölle sind für diejenigen reserviert, die in Zeiten moralischer Krisen ihre Neutralität bewahren."
Dante Alighieri

"Am Ende werden Sie nicht daran gemessen, wie viel Sie unternehmen, sondern an dem, was Sie letztendlich erreichen."
Donald Trump

"Lebe, als würdest du morgen sterben. Lerne, als ob du für immer leben würdest."
Mahatma Gandhi

"Alles, was wir hören, ist eine Meinung, keine Tatsache. Alles, was wir sehen, ist eine Perspektive, nicht die Wahrheit."

Marcus Aurelius

"Ich habe nie zugelassen, dass meine Schulbildung meine Ausbildung beeinträchtigt."

Mark Twain

"... Die Welt wird von Zeit zu Zeit mit einzigartigen Seelen gesegnet, die trotz ihrer unsichtbaren Kreuze die außerordentliche Kraft haben, im Leben voranzukommen und gleichzeitig anderen zu helfen. Trotz ihrer Schwierigkeiten denken die meisten von uns, dass es ihnen gut geht. Selbst wenn das Gewicht ihrer Kreuze unerträglich wird, auch wenn sie atemlos vorgehen, fällt es uns immer noch schwer zu verstehen, dass sie ertrinken. Tatsächlich verurteilen wir sie sogar dafür, dass sie nicht mehr geopfert haben ..."

Janvier Chouteu-Chando, " Adept des Schicksals »

"Es ist nicht die Person mit viel Geld, die glücklich ist. Es ist die Person mit genug Geld, die leicht Glück findet."

Alexander Zakharchenko

"Sie erziehen einen Mann; Sie erziehen einen Mann. Sie erziehen eine Frau; Sie erziehen eine Generation."

Brigham Young

Karten

Karte der Vereinigten Staaten von Amerika

Karte der Präsidentschaftswahlen 2008

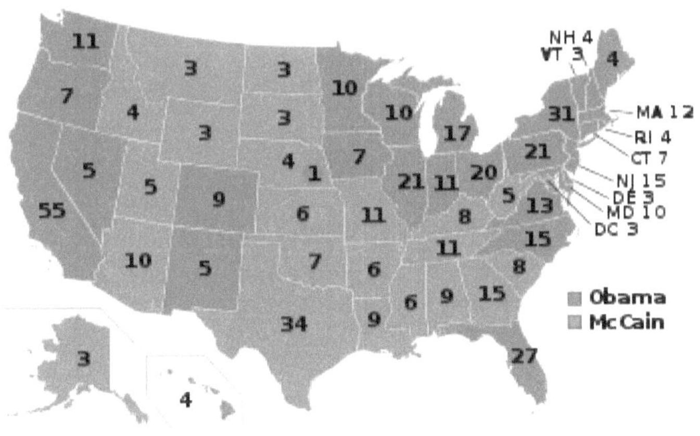

Karte der Präsidentschaftswahlen 2012

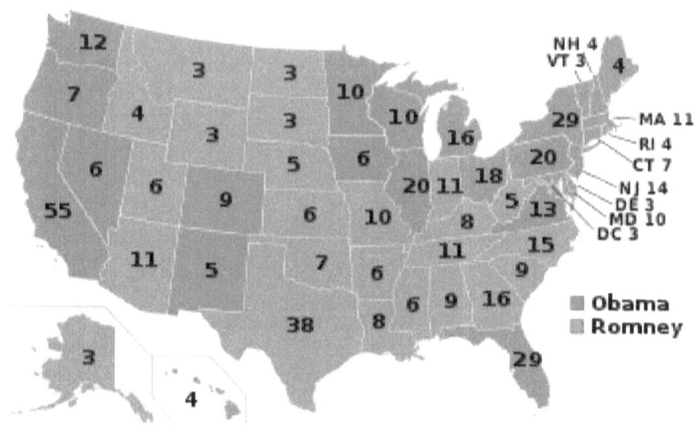

Karte der Präsidentschaftswahlen 2016

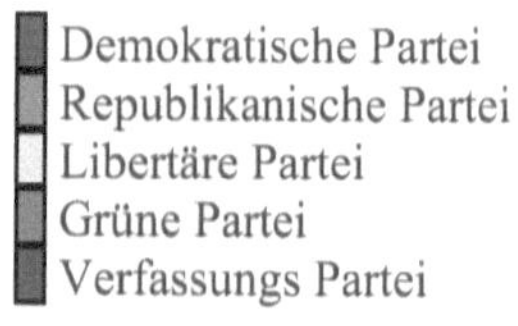

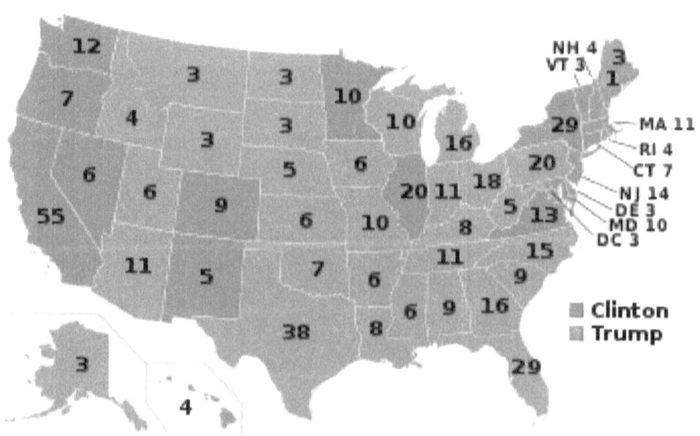

Zusammenfassung der Ergebnisse der Präsidentschaftswahlen 2004-2016

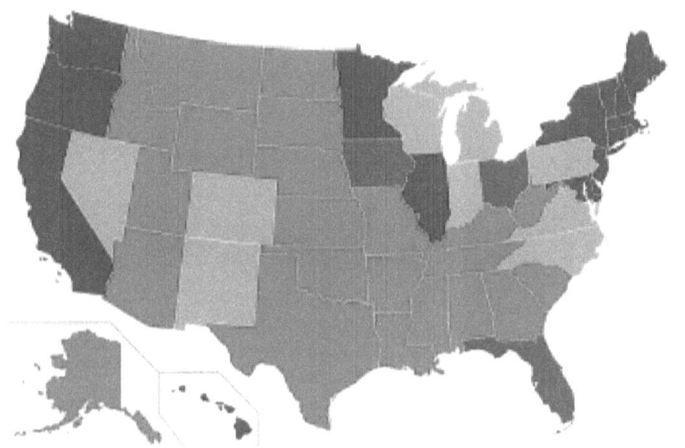

Einführung

Es ist mehr als zweieinhalb Jahre her, dass der renommierte Geschäftsmann und Fernsehstar Donald John Trump zum 45. und amtierenden Präsidenten der Vereinigten Staaten von Amerika nach seinem unerwarteten Sieg gegen Hillary Rodham Clinton, die Kandidatin der Demokratischen Partei bei den Präsidentschaftswahlen 2016. Die Farbenpracht dieser Rasse in die erinnerung geätzt der meisten Amerikaner und einer großen Zahl von Bürgern anderer Länder der Welt wie kaum eine andere Präsidentschaftswahl zuvor. Sein Wahlsieg war der Höhepunkt eines faszinierenden Wahlkampfs, bei dem die Vorwahlen der Republikanischen Partei als Teaser dienten, wo er gegen eine lange Reihe von dreizehn Anwärtern siegreich hervorging und fuhr dann fort, die Nominierung der Republikanischen Partei zu gewinnen.

Das Buch *"Die Urteile und die Löcher"* handelt von dem, was von vielen als der peinlichste politische Zirkus angesehen wird, den die Vereinigten Staaten von Amerika seit über einem halben Jahrhundert erlebt haben. Wenn die Geschichte der russischen Einmischung bei den Präsidentschaftswahlen 2016 und die Behauptungen, Donald Trump habe mit Russland zusammengearbeitet, um einen Sieg gegen die hochgeschätzte Hillary Clinton wurde erfunden, um eine Annäherung zwischen den Vereinigten Staaten von Amerika und Russland zu verhindern, dann hat sie ihren Zweck erfüllt die kurzfristige; wenn die Absicht war, zu stärken das politische Establishment, das Ergebnis der Special Counsel-Untersuchung zeigte, dass es mehr Fragen als Antworten gab und dass eine Plattform geschaffen wurde, auf der die Ermittler untersucht werden konnten.

Es sind jedoch nicht nur Elemente der Bürokratie, die in letzter Zeit Fallstricke erlebt haben. Die letzten drei Jahre haben die westlichen Mainstream-Medien der Selbstzensur ausgesetzt, da immer mehr Menschen verstehen seine mächtige Rolle rolle bei der Schaffung von Narrativen und Konsens, bei der Schaffung von Doppelsprechern und beim Beitrag zur Zerstörung der Pressefreiheit beizutragen, die einige zwingt Experten, die Parallelen zwischen den heutigen Massenmedien im Westen und den Medien der Sowjetzeit im Osten ziehen wollten, als es an unparteiischem und unabhängigem Denken mangelte, wo täglich Propaganda als Nachricht verbreitet wurde, wenn Zensur die Norm war und als die von einer Utopie-Ideologie getriebenen Glaubensvorstellungen an oberster Stelle standen. Im Gegensatz zu den Tagen des kommunistischen Ostens und der Union der Sozialistischen Sowjetrepubliken (UdSSR) oder der Sowjetunion, in denen die Medien verwendet wurden, um die Ideologie, das System und die undemokratische Regierung zu stützen. Die westlichen Unternehmensmedien, die von den linken Kommunikationsdiensten dominiert werden, verbreiten Nachrichten und Informationen, die die Verwaltung von Trump untergraben und die Bürokratie und das politische

Establishment für einen Zweck stärken, den nur sehr wenige Menschen ergründen können.

Der zweck *Die Urteile und die Löcher*, die im Wesentlichen das zweite Buch des aufschlussreichen und bahnbrechenden Buches *"TROTZ IHNEN: Die Zwei-Amtszeit-Präsidentschaft von Donald Trump"* sind, geht darum, ein klares und kohärentes Bild der Geschichte zu vermitteln, die aus der Behauptung , dass die Trump-Kampagne mit Russland zusammengearbeitet hat, um die Präsidentschaftswahlen 2016 zu gewinnen. Es ist auch eine Reise zu den Opfern der Müller-Ermittlungen und denjenigen, die für das, was der Präsident eine Hexenjagd nennt, rechtfertigt wurden. Hoffentlich bietet dieser Bericht Lektionen, die den Regierten und den Regierenden in den Vereinigten Staaten von Amerika helfen würden, und die Medien, die ihnen helfen sollen, spielen ihre Rolle für das Wohl des Landes. hoffentlich hilft dieser Bericht dabei, ein besseres Verständnis zwischen allen konkurrierenden Fraktionen in der amerikanischen Gesellschaft, in der Regierung und in den merikanische Wirtschaft.

Am Ende dieses Berichts stellen wir fest, dass uns die Ressourcen zur Verfügung gestellt wurden, um zu unseren eigenen Schlussfolgerungen zu gelangen, um festzustellen, ob die Behauptung der Initiatoren und Unterstützer der Müller-Untersuchung wahr ist, dass die Trump-Russland-Kollusionserzählung selbst nicht das Verbrechen war , aber dass die "Vertuschung" ist; oder ob die ganze Untersuchung eine Hexenjagd war, die ihren Zweck nicht vollständig erfüllte.

Prolegomenon

Die atypische Natur von Donald Trumps Präsidentschaft dominierte die Gespräche der meisten Familien und Freunde, die sich während der großen Feiertage versammelten, um in ihren Häusern, Restaurants, Bars und anderen öffentlichen Orten Brot zu brechen oder Getränke zu rösten. Wenn jedoch im Jahr 2016 und den größten Teil des Jahres 2017 das Thema lautete, wie der Geschäftsmann und der Fernsehstar die Präsidentschaftswahlen 2016 gewonnen, das politische Establishment, beschämte die Massenmedien, und ehrfürchtig oder fassungslos die meisten Amerikaner und die Mehrheit der informierten Menschen der Welt; der austausch geworden sind nachdenklicher, nüchtern, dunkel und kompromisslos, den polarisierenden Charakter der Politik widerspiegelt heute vor allem in den Vereinigten Staaten von Amerika.

Die aktuelle Natur der Politik im Land spiegelt die offensichtliche Verhärtung der Meinungen, Überzeugungen und Positionen der beiden wichtigsten politischen Parteien wider, entwicklungen, die die Menschen, die sie unterstützen, oder die ihre Standpunkte unterstützen verstärken.

Vorträge, Diskussionen, Argumente, Beratung und Debatten neigen heute dazu, mehr auf die Präsidentschaft trotzt Logik Donald J. Trump --- die Unfähigkeit sich zu konzentrieren den 45. Präsidenten der zahlreichen Beschwerden oder Vorwürfe zu blockieren gegen ihn; die sogenannte zunehmende Polarisierung der amerikanischen Gesellschaft zu einer Zeit, in der sie von den ethnischen Minderheiten des Landes stärker unterstützt wird; die Entfremdung der traditionellen Amerikanischen Verbündeten im Ausland zu einer Zeit, in der sie stärker in das Funktionieren und die Finanzierung der NATO (North Atlantic Treaty Organization) einbezogen werden, einer zwischenstaatlichen Militärallianz unter 29 Ländern aus Nordamerika und Europa; die Wirtschafts- und Handelskriege der Vereinigten Staaten von Amerika, nicht nur mit ihren Gegnern, sondern auch mit ihren Verbündeten und Partnern; die scheinbare Neigung des US-Präsidenten wirtschaftliche und militärische Vereinbarungen zu heben, die die Supermacht mit anderen Ländern gemacht hatte, vor allem, wenn es, dass die Verträgen nicht mehr gehalten, um die Interessen von Amerika serviert, etc etc.

Die Aufgabe eines Experten, der versucht, rationale Antworten auf die Turbulenzen im sozioökonomischen und politischen Leben des Landes zu finden, die sich aus dem blinden und kalkulierten Handeln sowohl des Lagers Trump und diejenigen, die sich seiner Person und seiner Politik widersetzen, beginnt mit dem Verständnis der Versprechungen, die der Präsident gemacht hat, insbesondere nachdem er die Nominierung für die

Republikanische Partei gewonnen hatte, und dann in einer kräftigeren Weise während des Wahlkampfs, er versprach, "Amerika Wieder Großartig Zu Machen" ---*Make America Great Again (MAGA)*...

Da Donald Trump sich in der zweiten Hälfte seiner ersten Amtszeit verankert und sich für eine andere Amtszeit positioniert, werden die Entwicklungen zeigen, dass sein Kommando über das höchste Amt des Landes für das Land vorteilhafter sein könnte als erwartet, als die widersprüchlichen Kräfte in Amerika versöhnen sich mit der Realität seiner Präsidentschaft, und auch er passt sich der Notwendigkeit eines Konsenses bei der Entscheidungsfindung an, indem er nach gemeinsamen Gründen mit der Justiz und den gesetzgebenden Körperschaften der Regierung sucht. Das Ergebnis dieser unvermeidlichen Kompromisse sowohl aus dem Trump-Lager als auch aus dem Lager derer, die sich der Trump-Präsidentschaft widersetzen oder lau sind, verspricht, die nächsten achtzehn Monate und möglicherweise die nächsten sechs Jahre in der Tat sehr farbenfroh zu gestalten.

KAPITEL EIN

Der Salamander

"Zwei Dinge sind unendlich: das Universum und die menschliche Dummheit; und ich bin mir des universums nicht sicher."
Albert Einstein

"Das Beste, was Sie Ihrem Feind geben können, ist Vergebung, einem Gegner, Toleranz; einem Freund, Ihrem Herzen; Ihrem Kind, einem guten Beispiel; einem Vater, Ehrerbietung; Ihrer Mutter, Verhalten, auf das sie stolz sein wird Sie,;für sich selbst, Respekt; für alle anderen, Nächstenliebe."
Benjamin Franklin

"Der Feind ist nicht derjenige, der dir mit einem Schwert in der Hand gegenübersteht, es ist der Gegner. Der Feind ist der hinter dir mit einem Messer im Rücken."
Thomas Sankara

Menschen, und insbesondere die Gruppe der Amerikaner, deren Loyalität gegenüber irgendjemandem oder einem Unternehmen von den persönlichen Vorteilen abhängt, die sie aus einer Beziehung zu dieser Person oder diesem Körper ziehen, haben Schwierigkeiten, die Art der Unterstützungsbasis von Donald Trump zu verstehen. Die Trennung lässt sich bereits vor Beginn seiner Präsidentschaft nachvollziehen, als viele Experten und Analysten unterschiedlicher Abstufungen erstmals versuchten, die Gründe für die 35-prozentige solide Unterstützung zu erläutern, die der Präsident seit seiner Wahl unter den Wählern befohlen hatte das Oval Office, als ob alles von empirischen Formeln abhängt. Die letzten zweieinhalb Jahre haben jedoch mehrere Fehler in den Analysen aufgedeckt, die von einigen dieser Gurus oder Gelehrten bezüglich der Art der Hauptanhänger von Donald Trump postuliert wurden.

Wie erklärt sich dann die Tatsache, dass die Republikanische Partei, die traditionell für das Interesse der reichen Klasse sorgte und die große Unterstützung von den zutiefst Ordensleuten des Landes erhielt, einen Milliardärsrepublikaner im Weißen Haus hat, der dennoch die Unterstützung von a befiehlt? Gemischte Amerikaner, die Hillary Clinton als "Korb der Missstände" bezeichnete, von denen die Mehrheit wirtschaftlich benachteiligt ist und doch die Gruppe darstellt, die den höchsten Prozentsatz seiner Kernbefürworter aufweist?

Die Tatsache, dass diese Kategorie von Amerikanern von 35 Prozent Anfang 2017 auf 36 Prozent im April 2019 angestiegen ist, wobei die Zunahme von allen

Rassengruppen im Land ausgeht, ist für jeden Gung-Ho-Analysten ein faszinierender Winkel.

Wir müssen nicht tief nachdenken oder weit schauen, um herauszufinden, warum viele Leute diese Zunahme unter Donald Trumps Kernanhänger faszinierend finden. Die Erwartung, die mit der Abschaltung von 2018-2019 einherging, als die meisten seiner Gegner und sogar einige derjenigen, die nicht wirklich gegen ihn waren, dachten, dass der Konflikt zwischen Republikanern und Demokraten im Kongress über die Finanzierung der vom Präsidenten vorgeschlagenen Grenzmauer die Größe seines Kerns verringern würde Befürworter, wurde auf solide Analyse gegründet. Die von der Opposition erwarteten politischen Gewinne aus diesem Schluckauf erwiesen sich jedoch nur als pyrrhischer Sieg. Alle Umfragen, die seit Januar 2019 durchgeführt wurden, zeigen, dass der Prozentsatz der Amerikaner, die Donald Trumps Präsidentschaft ablehnen, stetig zurückgegangen ist, bis die Basis der Unterstützung des Präsidenten auf 36 Prozent der erwachsenen Amerikaner angestiegen ist.

Zulassungsbewertung 2019 der Trump Administration

Firma / Monatliche Prozentsätze	Januar 2019	Februar 2019	März 2019	April 2019	Mai 2019
Ipsos (für Reuters)	39%	41%	42%	39%	39%
YouGov (für The Economist)	37%	40%	43%	42%	42%
Investor's Business Daily	42%	39%	41%	41%	43%

NBC News/Wall Street Journal	43%	46%	53%		46%
Gallup	37%	43%	39%	46%	

Es gibt bestimmte Dinge, bestimmte Menschen und bestimmte Situationen, die der gut informierte Verstand nur schwer ergründen kann. Donald Trump ist einer von ihnen. Es wurde so viel Schmutz auf ihn geworfen, dass seine Zustimmungsraten bis zu einem Punkt gesunken sein sollten, an dem wir erwarten sollten, dass er bei den Präsidentschaftswahlen 2020 einen demütigenden Verlust erleidet, und zwar mit einem geringeren Prozentsatz oder einer geringeren Stimmenzahl als selbst Jimmy Carter, der als Amtsinhaber fungiert verloren die Präsidentschaftswahlen 1984 um 41% (35.480.115) auf Ronald Reagans 50,7% (43.903.230). Es ist, als ob das amerikanische Volk, oder genauer gesagt Donald Trumps Kernanhänger, zu dem Schluss gekommen ist, dass die amerikanische Politik wie die vieler anderer Länder, die von mächtigen Interessengruppen dominiert werden, voller Intrigen, Verschwörungen, Vorstellungen und Geheimnisse ist Pläne; Es ist, als ob sie etwas von Machiavelli in den Gegnern des 45. Präsidenten sehen und instinktiv und berechnend darauf reagieren, indem sie den Mainstream-Medien misstrauen, die Vorwürfe, von denen viele unbegründet sind, kritisieren, dass der Präsident mit Russland zusammengearbeitet hat und die Justiz behindert, usw.

Die wichtigsten Befürworter von Donald Trump misstrauen der Bürokratie, die sich aus Kabinettsabteilungen, Regierungsunternehmen, unabhängigen Behörden und Aufsichtskommissionen zusammensetzt. Sie wundern sich über die Bürokratie, die die Vereinigten Staaten von Amerika als die einzige militärische, wirtschaftliche und diplomatische Supermacht der Welt ansieht und entschlossen zu sein scheint, alles zu tun, um die Welt weiterhin zu führen. Die Unternehmensmedien und die Bürokratie sind für die Mehrheit dieser Trump-Unterstützer weniger attraktiv geworden, seit er begann, die amerikanischen Angelegenheiten vom Oval Office aus zu regeln.

Es wäre falsch zu sagen, dass es keine Wahrheit in all den Anschuldigungen gibt, die gegen den 45. amerikanischen Präsidenten erhoben wurden, oder dass er nicht den ganzen Schmutz verdient, der auf ihn geworfen wurde. Der erste Gentleman der Vereinigten Staaten von Amerika hat unter anderem eine aggressive Persönlichkeit, weshalb es niemanden wundern würde, dass er einige der Menschen, mit denen er überquert hat, verärgert hat. Und basierend auf einer Reihe von Skandalen und Anschuldigungen gegen ihn ist es leicht zu schließen, dass er von Handlungen angezogen wird, die viele als moralisch falsch und grenzwertig betrachten, während er gleichzeitig eine starke Immunität gegen sie hat. Ich sage es, weil Donald Trump den Vorwürfen seiner Gegner, die sein Versprechen hinterfragten, "Drain the Swamp" in Washington, DC, eine ambivalente Verteidigung auferlegt hat, doch er scheint von diesen Anschuldigungen oder

Behauptungen unberührt zu bleiben.

Wenn nicht:

- Wie kann man dann das Versäumnis, schädliche Informationen zu liefern, oder die plötzliche Stille über die Verstrickungen zwischen Donald Trumps Familie, seinen Geschäften und seiner Präsidentschaft erklären, insbesondere über die viel diskutierte Donald Trump Organisation, von der er sich nicht getrennt hat? Ein lukratives Geschäft per se, die 2017 einen Umsatz von mindestens 500 Millionen US-Dollar und 2018 einen Umsatz von 479 Millionen US-Dollar erwirtschafteten?

- Was ist die Erklärung dafür, dass 15 Frauen, die behaupteten, er habe sie sexuell angegriffen, den Diffamierungsprozess abgebrochen haben?

- Wie erklärt sich das Zerfallen der Behauptung des ehemaligen Pornostars Stormy Daniels (bürgerlicher Name Stephanie Clifford), dass sie 2006 eine Affäre mit dem damaligen Präsidenten hatte und Donald Trumps Anwalt Michael Cohen ihr die Summe von bezahlte? 130.000 US-Dollar, um vor den Präsidentschaftswahlen im Jahr 2016 darüber zu schweigen - eine Aktion, die als Verstoß gegen die Wahlkampffinanzierung angesehen wird und die eines der acht Bundesverbrechen ist, für das Michael Cohen eine Haftstrafe von drei Jahren verbüßt?

- Was erklären wir als Erklärung für die Unsicherheit seines Personals oder seines politischen Gefolges, das mit Skandalen wie der Ausgabe von Hunderttausenden von Dollar für Privatflugzeuge durch den ehemaligen Sekretär für Gesundheit und menschliche Dienste, Tom Price, verbunden ist? die Indiskretion des Ministers für Wohnungswesen und Stadtentwicklung Ben Carson, seinem Sohn zu erlauben, eine Agentur-Hörreise in Baltimore zu organisieren, obwohl er von Regierungsanwälten davor gewarnt worden war, dass dies gegen die Ethikregeln verstoßen würde?

- Wie kam es, dass drei Frauen gegen Brett Michael Kavanaugh, den der 45. Präsident der Vereinigten Staaten von Amerika als Nachfolger von Anthony McLeod Kennedy, dem 93. Associate Justice des Obersten Gerichtshofs der Vereinigten Staaten, nominiert hatte, wegen sexueller Übergriffe nichts behaupteten? diente von 1988 bis zu seiner Pensionierung im Jahr 2018 und so weiter?

Die obigen Amputationen stechen natürlich als blasser Schatten der Liste von Anschuldigungen gegen den 45. Präsidenten heraus, die sich als bedeutungslos erwiesen haben. Dies bedeutet jedoch nicht, dass der Präsident und sein Gefolge unversehrt bleiben.

Die Geschichte der russischen Hacker und Russlands, die die amerikanischen Präsidentschaftswahlen 2016 beeinflusst haben, und der Glaube, dass Donald Trump oder einige Mitglieder seines Teams mit den Russen und anderen ausländischen Einheiten zusammengearbeitet haben, um ihm zu helfen, die Präsidentschaft zu gewinnen, haben die alltäglichen Aktivitäten des amerikanischen Präsidenten mit Sicherheit getrübt. Es ist, als würde nichts die Situation des Präsidenten beruhigen. Nicht einmal die Behauptungen des russischen Präsidenten Wladimir Putin, dass es keine Beteiligung Russlands an den Wahlen gegeben habe, als er unter anderem erklärte, dass *"Die Hysterie nur durch die Tatsache verursacht wird, dass jemand die Aufmerksamkeit des amerikanischen Volkes vom Wesentlichen ablenken muss von dem, was von den Hackern entlarvt wurde."*

Viele Amerikaner, vor allem Anhänger von Donald Trump, halten den russischen Präsidenten für richtig. Auch sie sehen eine Verschwörung der Massenmedien und der Demokratischen Partei, um die Aufmerksamkeit von sich abzulenken und die Donald-Trump-Präsidentschaft und ihre ursprüngliche Absicht, gute Beziehungen zwischen Russland und den Vereinigten Staaten von Amerika zu pflegen, in Frage zu stellen.

KAPITEL ZWEI

Urteile, sagen Sie

"Die besten Geschenke zu geben: An deinen Freund, Treue; Für deinen Feind Vergebung; Zu Ihrem Chef, Dienst; Für ein Kind ein gutes Beispiel; Ihren Eltern Dankbarkeit und Hingabe; Deinem Gefährten Liebe und Treue; An alle Männer und Frauen, Nächstenliebe."

Oren Arnold

Wir müssen nur noch auf die Schlagzeilen der letzten zweieinhalb Monate zurückgreifen, um ein gutes Bild des

Schadens zu bekommen, den das Donald Trump-Team infolge der Anschuldigungen und Anklagen erlitten hat, die sowohl von den Verantwortlichen als auch von den Unschuldigen angehäuft wurden Gerechtigkeit des Landes und Gegner des 45. Präsidenten der Vereinigten Staaten von Amerika auf ihn und sein Team, von denen sich die meisten um die Geschichte der russischen Einmischung bei den amerikanischen Präsidentschaftswahlen 2016 und um Spekulationen drehen, die Mitarbeiter von Donald Trump mit den USA in Verbindung gebracht haben Russische Staatsangehörige, die rechtswidrig an der Wahl teilgenommen haben. Es war jedoch die Vermutung, dass Donald Trump und Mitglieder seines Teams mit Russland in seiner angeblichen Einmischung in die Wahlen zusammengearbeitet hatten, die auslöste, was das Donald Trump-Lager als "Hexenjagd" oder was andere als "Russland-Hysterie" bezeichnen.

Um die Russland-Kollusionsgeschichte zu verstehen, die durch das Trump-Russland-Dossier ausgelöst wurde, auch bekannt als das Steele-Dossier, in dem behauptet wird, Russland habe eine Datei mit kompromittierenden Informationen über den US-Präsidenten Donald Trump zusammengestellt, müssen wir an die Wurzel des Ganzen gehen. Die Entstehung betrifft einen Beamten des US-Justizministeriums, Bruce G. Ohr, und den britischen Staatsbürger Christopher David Steele, der von 1987 bis zu seiner Pensionierung im Jahr 2009 beim Geheimdienst MI6 als britischer Geheimdienstoffizier tätig war. Am 21. November 2014 wurden die beiden Männer diskutierten über die Werbung für Oleg Deripaska, den russischen

Oligarchen, der für seine engen Beziehungen zum russischen Präsidenten Wladimir Putin bekannt war, um ein Aktivposten des US-Geheimdienstes zu werden. Der Plan wurde im September 2015 beschleunigt, drei Monate nachdem Donald Trump seine Kandidatur im Donald Trump Tower in New York offiziell angekündigt hatte, als das FBI und Ohr Steele offiziell um ein Treffen mit dem russischen Milliardär baten, um dies zu erreichen rekrutiert ihn als Informanten für den Kreml und das organisierte Verbrechen in Russland im Austausch gegen ein amerikanisches Visum. Deripaska würde nicht kooperieren und stattdessen die russischen Behörden über die amerikanischen Rekrutierungsbemühungen informieren. Aus diesem Grund haben Bruce Ohr und eine Reihe von US-Regierungsbeamten beschlossen, Deripaskas amerikanisches Visum 2016 zu widerrufen.

Dann würde Fusion GPS, ein in Washington, DC ansässiges Unternehmen für kommerzielle Forschung und strategische Aufklärung, im Juni 2016 David Steele einstellen, um die Aktivitäten von Donald Trump in Russland zu untersuchen. Steeles neuer Auftrag bewirkte eine Abkühlung der Beziehungen zum FBI. Er würde jedoch ein 35-seitiges Dokument erstellen, das BuzzFeed News am 10. Januar 2017 veröffentlichte. Dieses umstrittene Material würde als Trump-Russia-Dossier oder Steele-Dossier bekannt werden. Es geht im Grunde genommen um eine umfassende russische Verschwörung, Trump zu wählen. und es zitierte Carter Page, Michael Cohen und andere Mitglieder von Donald Trumps Gefolge als Leute, die illegale Aktivitäten mit Russen betrieben, um dieses Ziel zu erreichen.

Diejenigen, die die Geschichte von Russia Collusion nicht kaufen, betrachten das Steele-Dossier jedoch als Fälschung. Sie mögen doch einen Punkt haben. Am 21. Dezember 2015 erhielt der Vorsitzende der Hillary Clinton-Kampagne, John Podesta, eine E-Mail, in der er unter anderem empfahl, *"Donald für seine Verbundenheit mit Putin zu schlachten"*. E-Mails, die im ersten Halbjahr von Podesta und der Clinton-Kampagne gestohlen wurden von 2016, angeblich von Agenten Russlands, würde am 7. Oktober 2016 von WikiLeaks veröffentlicht. Das Clinton-Camp mochte es nicht und die verärgerte Hillary Clinton würde Russland während der dritten Clinton-Trump-Debatte am 19. Oktober 2016 die Schuld geben. Denn die DNC-E-Mail leckt und würde Donald Trump sogar vorwerfen, eine "Marionette" Putins zu sein, was Donald Trump damals bestritt und auch heute noch bestreitet.

Tatsächlich hatten die amerikanischen Geheimdienste erst erfahren, dass George Papadopoulos, ein Mitglied der Donald Trump-Kampagne, frühzeitig wusste, dass Russen schädliches Material über Donald Trumps demokratische Partei-Rivale Hillary Clinton haben, und beschlossen, eine Untersuchung einzuleiten. Das Federal Bureau of Investigation (FBI) hat darauf reagiert und am 31. Juli 2016 offiziell eine verdeckte Untersuchung unter dem Codenamen "Crossfire Hurricane" eingeleitet. Ziel war es, Verbindungen zwischen Mitarbeitern von Donald Trump und russischen Beamten zu ermitteln und Hinweise auf vermutete Koordination zu erhalten zwischen Donald

Trumps Präsidentschaftskampagne 2016 und der russischen Regierung, insbesondere hinsichtlich der Einmischung in die Wahlen 2016 in den Vereinigten Staaten von Amerika.

Wenn Papadopoulos die Alarmglocken des FBI in Bezug auf Clintons E-Mails auslöste, stellten Carter Pages Spoors das FBI auf seine Spur. Der amerikanische Geheimdienst gab bereits im Januar 2015 bekannt, dass ein russischer Spionagering vergeblich versucht hatte, Carter Page zu rekrutieren, der zu dieser Zeit einen Ein-Mann-Investmentfonds und eine auf Öl- und Gasgeschäfte spezialisierte Beratungsfirma in Russland und Zentralamerika betrieb Asien. Carter Page wird im März 2016 an den Präsidentschaftswahlen von Donald Trump teilnehmen und Trumps außenpolitischer Berater werden. Nach dem DNC-Hacking und der Veröffentlichung von DNC-E-Mails durch WikiLeaks würden das Justizministerium und das FBI einen FISA-Haftbefehl beantragen, um die Kommunikation von vier Beamten der Donald Trump-Kampagne zu überwachen. Stattdessen erhielten sie am 21. Oktober 2016 den Haftbefehl, nur Carter Page zu überwachen und abzuleiten, mit der Genehmigung, dass wahrscheinlich Grund zu der Annahme besteht, dass Page ein russischer Agent ist. Das war ein Monat, nachdem Carter Page die Donald Trump-Kampagne verlassen hatte.

In der Zwischenzeit, am 19. September 2016, sind die Ermittler von Crossfire Hurricane dem Bericht von Steele auf die Spur gekommen. Nicht lange danach, Anfang Oktober 2016, flog ein Team von FBI-Agenten nach Europa und sprach mit Steele über sein Dossier. Dort erfuhren sie von Steele, dass ein von Cody Shearer, einem langjährigen DNC- und Clinton-Mitarbeiter, zusammengestelltes Vorwurfsdossier "mit dem übereinstimmte, was er separat von seinen unabhängigen Quellen gehört hatte." Darüber hinaus handelte es sich auch um eine unbestätigte Behauptung, das russische Geheimnis Service sexuell beeinträchtigt Donald Trump im Ritz-Carlton Hotel in Moskau während des Besuchs des amerikanischen Milliardärs in Russland im Jahr 2013.

Von Ende Juli bis November 2016 wurden durch die gemeinsame Anstrengung des FBI, der Central Intelligence Agency (CIA) und der National Security Agency (NSA) Beweise für die Einmischung Russlands bei den Präsidentschaftswahlen 2016 in die Vereinigten Staaten untersucht. Während der Untersuchung stellte sich heraus, dass das FBI-Team einen großen Grad an Autonomie innerhalb der breiteren Interagensonde hatte.

Die Untersuchung des Special Counsel 2017–2019 übernahm die Arbeit des FBI am 17. Mai 2017 und produzierte schließlich den Mueller-Bericht, aus dem hervorgeht, dass die russische Einmischung auf "umfassende und systematische Weise" erfolgte und wesentliche Verbindungen zur Donald Trump-Kampagne bestanden. Die Ermittler hätten jedoch keine Beweise dafür gefunden, dass die Donald-Trump-Kampagne mit der russischen Regierung "verschworen oder koordiniert" worden sei.

In seinem Buch "The Restless Wave" gab der verstorbene republikanische Senator John McCain detaillierte Informationen darüber, wie er das berüchtigte sogenannte Steele-Dossier erhielt. Er behauptete, alles habe während einer jährlichen Sicherheitskonferenz in Halifax, Nova Scotia, Kanada, kurz nach den Präsidentschaftswahlen am 08. November 2016 begonnen, als Sir Andrew Wood, ein pensionierter britischer Diplomat, ihm in Anwesenheit von Chris Brose, einem Mitarbeiter, davon erzählte Mitglied im Streitkräfteausschuss des Senats und David Kramer, ehemaliger stellvertretender Staatssekretär mit russischem Fachwissen. Er schrieb so über Sir Andrew Wood:

"Er sagte mir, er kenne einen ehemaligen MI6-Offizier namens Christopher Steele, der beauftragt worden war, Verbindungen zwischen der Donald Trump-Kampagne und russischen Agenten zu untersuchen und Informationen über den gewählten Präsidenten, den [russischen Präsidenten Wladimir] Putin, in Frage zu stellen angeblich besessen..."

Senator McCain wies darauf hin, dass, während Sir Andrew Wood die Informationen für nicht verifiziert hielt, der Engländer darauf hinwies, dass es sich um Informationen handelte, von denen Steele *"fest davon überzeugt war, dass sie eine gründliche Prüfung durch Experten der Spionageabwehr verdienen"*.

Auf Anweisung von Senator McCain flog Kramer nach London, traf Steele und kehrte mit einer Kopie des Berichts zurück. Nach seiner Meinung schien Steele eine seriöse Quelle zu sein. McCain schrieb: *"Die Anschuldigungen waren beunruhigend, aber ich hatte keine Ahnung, ob sie wahr sind ..."* Am 9. Dezember 2016 gab der republikanische Senator, dessen Status als Vietnamkriegsheld im Juli 2015 von Donald Trump in Frage gestellt wurde, seine Hand Der Bericht an den Direktor des FBI, Jim Comey, war der Überzeugung, dass er tat, was die Pflicht von ihm verlangte.

Die Tatsache, dass Bruce Ohr seine Position als stellvertretender Generalstaatsanwalt Ende 2017 verlieren würde, während er seine Position für einige Zeit als Direktor der OCDETF beibehält; und die Tatsache, dass er später vom Justizministerium herabgestuft wurde, nachdem der Geheimdienstausschuss des Senats von seinen Treffen mit Christopher Steele und Glenn Simpson, dem Gründer von Fusion GPS, erfahren hatte, erklärt, warum viele Leute, insbesondere Unterstützer von Donald Trump, dies für richtig halten Steeles Voreingenommenheit gegenüber Donald Trump, die zu den Ermittlungen des Special Counsel führte, und das Medienrummel, das die Donald Trump-Administration davon abhielt, ihre Aufgaben effektiver wahrzunehmen.

Kurz gesagt, das Federal Bureau of Investigation (FBI) hat im Juli 2016 verdeckt Ermittlungen gegen russische Aktivisten und Mitglieder der Präsidentschaftskampagne von Donald Trump eingeleitet. Diese Ermittlungen wurden jedoch erst nach Donald Trumps Amtseinführung im Januar 2017 eingeleitet erweiterte sich unter anderem von einer Untersuchung der Interaktion zwischen Russland und dem Donald Trump-Übergangsteam und der Veröffentlichung von E-Mails während der Präsidentschaftskampagne von WikiLeaks zu einer umfassenden Untersuchung einiger Mitglieder des Präsidententeams. Die Untersuchung, auch Special Counsel Investigation oder Mueller Investigation genannt, dauerte von Mai 2017 bis März 2019. Einige Anhänger von Donald Trump sahen darin eine verlorene Periode seiner Präsidentschaft. Der amerikanische Anwalt und Universitätsverwalter Jerry Falwell Jr., der als Präsident der Liberty University in Lynchburg, Virginia, fungiert, drückte mit den folgenden Worten seine Empörung darüber aus, was er als ablenkenden Einfluss der Müller-Untersuchung ansah:

"Ich unterstütze jetzt Reparationen - Trump sollte seine erste Amtszeit um zwei Jahre verlängern, um die durch diesen korrupten gescheiterten Putsch gestohlene Zeit zurückzuzahlen..."

Jerry Falwell Jr., Donald Trump, frühere und derzeitige Mitglieder des Präsidententeams, Donald Trump-Anhänger und die breite Palette von Amerikanern und Ausländern, die sich für die amerikanische Politik interessieren, haben allen Grund, die Augenbrauen zu heben, da nicht nur die Müller-Ermittlungen erfolgreich waren Donald Trump und sein Gefolge des viel diskutierten Vorwurfs der Absprache mit Russland haben es nicht geschafft, die Luft über die russische "Einmischung" im klassischen Sinne des Wortes zu klären, wenn es darum geht, das Ergebnis einer Wahl zu beeinflussen, wie die meisten Menschen wissen es oder wie es in den internationalen Beziehungen als inakzeptabel angesehen wird. Die Tatsache, dass die Demokratische

Partei und die linken Medien die Untersuchung des Special Counsel unaufhörlich verfolgen; Die Tatsache, dass die Anti-Trump-Kräfte im In- und Ausland weiterhin über Spekulationen spekulieren, dass der Präsident die Justiz behindert oder versucht hat, die Ermittlungen zu beeinflussen, und daher angeklagt werden sollte, stärkt die Entschlossenheit der Kernanhänger von Trump und derjenigen, die mit den Bunten sympathisieren Ehemaliger Medienmogul oder eher zärtlich gegenüber dem bedrängten Präsidenten. Und das sind Leute, die in erster Linie die ganze Untersuchung als Verschwörung betrachteten.

Am 17. Mai 2019 entwickelte sich eine Wendung in der Geschichte der Absprache mit Russland, die sich während und unmittelbar nach der Untersuchung von Müller in "Obstruktion der Justiz" verwandelt hatte, als der Bericht zeigte, dass es keine Absprache zwischen der Kampagne von Donald Trump und den Russen gab Sichern Sie sich einen Sieg für Donald Trump bei den Präsidentschaftswahlen 2016. Die Befürworter des besorgten Präsidenten betrachten "Obstruktion der Gerechtigkeit" als nichts anderes als ein grundloses Argument, das von seinen Gegnern vorgebracht wird, als ihre letzte Möglichkeit, um den Außenseiter daran zu hindern, seine volle Amtszeit zu erfüllen oder im kommenden Jahr 2020 eine zweite Amtszeit zu gewinnen Präsidentschaftswahl.

Eine Person, die an den politischen Intrigen oder Verschwörungen in Washington DC interessiert ist, muss sich nicht nur auf Mitglieder der Demokratischen Partei konzentrieren, um Politiker zu finden, die unter anderem der Meinung sind, dass die Charakterfehler des Präsidenten ihn unerträglich unpräsidentiell machen. Die Partei der Republikaner, von der Experten dachten, dass sie sich hinter dem Präsidenten versammelt hatte, insbesondere nach dem Tod des ehemaligen republikanischen Senators John McCain, hatte einen Riss in ihrer Rüstung, als sich Justin Amash, ein republikanischer Kongressabgeordneter aus Michigan, mit seinem Republikaner in den Schatten stellte Kollegen, die öffentlich behaupteten, der Müller-Bericht habe *"... mehrere Verhaltensbeispiele, die alle Elemente der Behinderung der Justiz befriedigen, und zweifellos würde jede Person, die nicht der Präsident der Vereinigten Staaten ist, auf der Grundlage solcher Beweise angeklagt"*. Dies geschah trotz der Tatsache, dass der amerikanische Generalstaatsanwalt William Barr dem Kongress erst Wochen zuvor auf der Grundlage von Müllers Bericht und der Zusammenfassung, die er daraus im März 2019 machte, mitgeteilt hatte, dass Donald Trump die Justiz während der Untersuchung nicht behinderte.

Während die Schlussfolgerung des Generalstaatsanwalts zweifellos weitreichend dazu beitrug, Donald Trump zu entlasten und seine Anhänger zu energetisieren, entmutigte dies eine große Fraktion von Donald Trump-Gegnern, die sofort zu dem Schluss kamen, dass William Barr auf der Seite des Präsidenten steht und als solcher nicht vertrauenswürdig ist. Später stellte sich heraus, dass William Barrs Auftritt im Justizausschuss des Senats am 01. Mai 2019 und sein Zeugnis über den Bericht von Robert S. Mueller III die meisten Gegner von Donald Trump immer noch nicht davon überzeugen konnten, ihre

Positionen zu ändern. Daher wäre nur ein heiliger Dummkopf, der keine Ahnung von den Intrigen der Politik hat, überrascht gewesen, als diejenigen, die Donald Trumps Kopfhaut suchten, Robert Müller aufforderten, eine öffentliche Erklärung abzugeben oder persönlich darüber auszusagen.

Deshalb, als Amash weiter ging und hinzufügte: *"Im Gegensatz zu Barrs Darstellung ... enthüllt Müllers Bericht, dass Präsident Donald Trump an spezifischen Handlungen und Verhaltensmustern beteiligt war, die die Schwelle für Amtsenthebung erreichten ...",* warf er den Handschuh praktisch auf den Boden Die Republikanische Partei, der er angehört und die es für Robert Mueller unumgänglich gemacht hat, etwas zu sagen.

Amashs Forderung nach einer Amtsenthebung gegen Donald Trump wegen Behauptungen, er habe die Justiz behindert, hat zu Behauptungen von Leuten geführt, von denen die meisten auf der Seite des Präsidenten stehen, er sei ein Libertärer, der sich als Republikaner ausgibt. Tatsächlich leitet Amash das Haus Liberty Caucus, das im Allgemeinen als "konservative Gruppe mit libertärem Schwerpunkt" gilt und mit der Tea-Party-Bewegung verbunden ist. Die Mitglieder des House Liberty Caucus sind Republikaner des Repräsentantenhauses der Vereinigten Staaten, die ideologisch entweder Konservative, Libertäre oder libertäre Konservative sind. Die libertär gesinnte Philosophie der Gruppe basiert auf der Überzeugung, dass die Republikanische Partei künftig nur dann mehr Wahlen gewinnen kann, wenn sie ihre libertär gesinnte Philosophie akzeptiert, weil die Wähler dies begrüßen, insbesondere nach den jüngsten Enthüllungen der Regierung über die Datenerfassung dass viele Wähler glauben, ihre Rechte auf Privatsphäre verletzt zu haben.

Als Justin Amash am 8. Juli 2019, kaum Tage nach Bekanntgabe seiner Absicht, die Republikanische Partei zu verlassen, seinen Rücktritt beim republikanischen Führer Kevin McCarthy und bei Liz Cheney, der Vorsitzenden der Republikanischen Konferenz des Repräsentantenhauses, einreichte, überraschte dies noch viele Menschen.

Unbeeindruckt von der Opposition und den Einwänden von Amash äußerte sich die Staatsanwaltschaft oder der Leiter der Sonderermittlung am 29. Mai 2019 öffentlich zu den Ermittlungen und stellte insbesondere Folgendes fest:

- Die Vereinigten Staaten von Amerika wurden bei den Wahlen 2016 von einer ausländischen Macht "konzertiert angegriffen"
- Es gab keine kriminelle Verschwörung oder "Absprache" zwischen den "Russen", die die Cyber-Angriffe durchgeführt haben, und Mitgliedern des Donald Trump-Kampagnenteams
- und dass *"Es gab nicht genügend Beweise, um eine umfassendere Verschwörung anzuklagen"*, und dass *"es daher keine Option war, den Präsidenten eines Verbrechens zu beschuldigen ..."*, über die sie nachdenken konnten.

Donald Trumps bemerkenswerte Antwort auf Müllers Aussage war ein Tweet, der so lautete:

"Gegenüber dem Müller-Bericht ändert sich nichts. Es gab unzureichende Beweise und deshalb ist in unserem Land eine Person unschuldig. Der Fall ist abgeschlossen! Vielen Dank."

Das Donald Trump-Team war nicht der festen Überzeugung, dass Robert Mueller in seiner öffentlichen Erklärung, in der er auch den Amerikanern mitteilte, dass er als Sonderberater in den Ruhestand tritt und das Büro geschlossen wird, zu seinen Gunsten sprach. Demokraten und andere Gegner von Donald Trump fanden jedoch genug Munition in Müllers Worten, um sie gegen den Präsidenten einzusetzen, insbesondere den Satz des Sonderbeauftragten, dass *"es nicht genügend Beweise gab, um eine breitere Verschwörung anzuklagen ..."*, und einen Punkt, den er in dem Bericht anführte Ich habe nie gesagt, der Präsident sei unschuldig. Auch wenn Müller sagte: *"Ich hoffe und erwarte, dass dies das einzige Mal ist, dass ich über diese Angelegenheit spreche."* Die Demokraten im Kongress forderten sein Erscheinen vor ihren Ausschüssen, um Fragen zu beantworten, in der Hoffnung, dass er würde mehr Munition liefern, die ihren Fall für eine Amtsenthebung des Präsidenten stützen würde.

Aus diesem Grund sagte er am 24. Juli 2019 im Repräsentantenhaus öffentlich aus, dass er bei den Wahlen 2016 Untersuchungen zu russischen Einmischung durchgeführt habe. Es war eine Doppelüberschrift - ein Zeugnis von 8:30 Uhr vormittags im Justizausschuss des Hauses und ein weiteres am Mittag im Geheimdienstausschuss des Hauses. Muellers Aussage brachte nichts Neues auf den Tisch und entlastete Donald Trump weitaus mehr als William Barrs Aussage und Zusammenfassung des Mueller-Berichts.

Ungeachtet dessen, wie Donald Trump und seine Anhänger es zu interpretieren versuchen, ist der Amash-Schluckauf in der Republikanischen Partei eine Erweiterung der Rückschläge, die das Donald Trump-Team in den letzten zwei Jahren erlitten hat . Amashs Forderung nach einer Amtsenthebung, unabhängig davon, wie naiv manche sagen, dass sie sich anhört, wird mit der Begründung verankert, dass einige Personen, die Teil des Wahlkampfteams von Donald Trump oder der Regierung von Donald Trump waren, oder beide für schuldig befunden wurden Das war nicht das Ziel der Special Counsel Investigation, und viele fragten sich, ob die gesamte Untersuchung doch keine Hexenjagd war. Um selbst zu beurteilen, müssen wir uns nur einige der Opfer oder Täter der Müller-Ermittlungen ansehen, die nicht nur eine Geldstrafe erhalten haben, sondern auch zu Gefängnisstrafen verurteilt wurden oder zu Haftstrafen verurteilt werden.

I: Paul John Manafort Jr.

Viele Experten betrachten den renommierten amerikanischen Anwalt, Lobbyisten und Politikberater Paul John Manafort Jr. als den größten der Fische, die die Untersuchung des Special Counsel verrechnet hat. Obwohl Paul Manafort am 30. Oktober 2017 nach einer Anklage einer großen Bundesjury im Rahmen von Robert Muellers Ermittlungen im Zusammenhang mit der Donald Trump - Kampagne erstmals vom FBI verhaftet wurde, sah er sich mit der Geschichte der Kollusion mit Russland konfrontiert Das Gericht in Eastern District, Virginia, verurteilte ihn am 21. August 2018 wegen fünf Fällen von Steuerbetrug, zwei Fällen von Bankbetrug und wegen Nichtoffenlegung seiner ausländischen Bankkonten. Das Gericht verurteilte ihn zu 47 Monaten Gefängnis. Diesem Urteil folgte am 13. März 2019 eine weitere Verurteilung durch das Bezirksgericht für den Bezirk Columbia, die ihn zu 43 Monaten Gefängnis verurteilte, von denen er 30 Monate gleichzeitig mit der Gefängnisstrafe verbüßen musste, die er vom östlichen Bezirk von Virginia erhalten hatte. In diesem zweiten Fall entfielen 30 der 43 Monate auf eine Verschwörung zum Betrug der Vereinigten Staaten von Amerika und die verbleibenden 13 Monate auf Zeugenmanipulation. Manafort glaubte tatsächlich, er könne eine zweite Verurteilung vermeiden, indem er sich am 14. September 2018 mit den Staatsanwälten auseinandersetzte und die beiden Anklagen für schuldig erklärte. Ein Gerichtsantrag von Muellers Büro vom 26. November 2018 machte jedoch Manafort für die Verletzung der Anklage verantwortlich plea deal wurde vom Richter am Bezirksgericht von DC, Amy Berman Jackson, unterstützt, der am 13. Februar 2019 entschied, dass er gegen sein plea deal verstieß, indem er wiederholt Staatsanwälte anlog. Aus heutiger Sicht wird erwartet, dass Manafort am 25. Dezember 2024 aus der Federal Correctional Institution in Loretto, Pennsylvania, entlassen wird.

Wie um einer Begnadigung des Präsidenten zuvorzukommen, beschuldigten Staatsanwälte im Bundesstaat New York Manafort des Betrugs von Wohnhypotheken, der Verschwörung und der Fälschung von Geschäftsunterlagen. Die Aktion, die kaum Minuten nach der zweiten Anhörung am 13. März 2019 stattfand, setzte ihn dem Risiko einer zusätzlichen Gefängnisstrafe aus, wenn er für schuldig befunden wurde. Das Gesetz des Landes - New York - besagt, dass eine Begnadigung des Präsidenten eine Strafe nicht außer Kraft setzen oder beeinflussen kann, wenn er verurteilt wird. Paul Manafort und sein Verteidigungsteam sehen im Fall des Staates New York eine doppelte Gefährdung und handelten dementsprechend, als er am 27. Juni 2019 - seinem dritten Strafverfahren in den letzten Jahren - vor dem Obersten Gerichtshof des Bundesstaates New York vorstellte, dass er sich nicht des Staates schuldig bekannte Anklage wegen Betrugs, die vom Büro des Bezirksstaatsanwalts von Manhattan gegen ihn erhoben wurde.

Entgegen den Erwartungen hätte Manaforts Fall doch eine Hexenjagd sein können. Trotzdem konnte es sich nur um eine handeln, die anfangs nicht auf Donald Trump abzielte. In gewisser Weise befand sich der zu diesem Zeitpunkt angehende Präsident gerade in dem Prozess gegen Manafort im März 2016, dem Tag, an dem sich der ästhetisch-politische Berater Donald Trumps Präsidentschaftskampagnen-Team anschloss. Die Sympathisanten von Manafort behaupten, dass unter seinen vielen "Verbrechen" die Beratungsarbeit, die er in der Ukraine für die Regierung des vierten ukrainischen

Präsidenten Viktor Janukowitsch, des in der wichtigsten Industriestadt und Region Donezk beheimateten Russen, vor dem Profi geleistet habe -Russian Yanukovych wurde am 22. Februar 2014 von einem von den USA und der Europäischen Union unterstützten Aufstand namens EuroMaidan gestürzt, weil er die Unterzeichnung eines Assoziierungsabkommens zwischen der Ukraine und der Europäischen Union ausgesetzt und sich für engere Beziehungen zu Russland und der EU ausgesprochen hatte Stattdessen die von Russland geführte Eurasische Wirtschaftsunion. Erst nach diesem gewaltsamen Machtwechsel in der Ukraine soll das FBI 2014 eine Untersuchung gegen Paul Manafort eingeleitet haben, in demselben Jahr, in dem Russland Berichten zufolge seine Anti-US-Kampagne gestartet haben soll, lange bevor Donald Trump seine Kampagne zur Erlangung der Staatsmacht begann 45. Präsident der Vereinigten Staaten von Amerika. In der Tat, als Donald Trump das twitterte, *"begann Russland seine Anti-US-Kampagne im Jahr 2014, lange bevor ich ankündigte, dass ich für den Präsidenten kandidieren würde ... Die Wahlergebnisse wurden nicht beeinflusst." Die Donald Trump-Kampagne hat nichts falsch gemacht - keine Absprache!"*, Wir sehen, dass seine Argumentation durch Logik gestützt wurde.

Erst am Vorabend von Donald Trumps Amtsantritt erfuhr die Öffentlichkeit von den Aktivitäten mehrerer Bundesbehörden, die gegen Paul Manafort ermittelt hatten, darunter der Central Intelligence Agency (CIA), das Federal Bureau of Investigation (FBI) und die Direktor des Nationalen Nachrichtendienstes (DNI), der Nationalen

Sicherheitsagentur (NSA) und der Abteilung für Finanzverbrechen der Finanzabteilung. Tatsächlich betrachtete das amerikanische politische Establishment Janukowitsch bereits 2004 als einen pro-russischen Kandidaten, als er bei der Stichwahl der ukrainischen Präsidentschaftswahl vom 21. November 2004 gegen den pro-amerikanischen Kandidaten Viktor Juschtschenko antrat Nach Ansicht mehrerer in- und ausländischer Wahlbeobachter wurde von den Behörden eine Fälschung zugunsten von Janukowitsch verübt, ein Wahlbetrug an sich, der Proteste auslöste, die den Obersten Gerichtshof des Landes dazu zwangen, die Ergebnisse der Stichwahl für nichtig zu erklären und eine Revision für anzuordnen 26. Dezember 2004. Viktor Juschtschenko ging aus dieser Wiederholung als Sieger hervor und erhielt 52% der Stimmen. Die Tatsache, dass Manafort dazu beigetragen hat, Janukowitsch am 22. März 2006 wieder an die Macht zu bringen und gleichzeitig als politischer Berater zu fungieren, dessen Team die Kampagne von Janukowitschs politischer Partei - Partei der Regionen - effektiv verwaltete und leitete, bis zu dem Punkt, an dem die pro-russische Partei siegte Bei den Parlamentswahlen in der Ukraine 2006 mit 32% der Stimmen, bei denen Janukowitsch vom 4. August 2006 bis zum 18. Dezember 2007 Ministerpräsident der Ukraine wurde, wurden in Washington DC und in den Hauptstädten mehrerer europäischer Länder die Federn zerzaust. Dies waren Menschen, die den störenden Sieg von Janukowitsch als einen unerwarteten Rückschlag in ihren Plänen für die Ukraine betrachteten, einen Rückschlag, den ein amerikanischer Privatmann in dieser Angelegenheit verursacht hatte.

Viele der Entscheidungsträger der Washingtoner Bürokratie und des amerikanischen politischen Establishments im Allgemeinen fanden es überhaupt nicht lustig, dass Paul Manafort weiterhin mit Janukowitsch und seiner Partei der Regionen zusammenarbeitete und dass er eine herausragende Rolle bei der Gestaltung der Konferenz spielte Die gebürtige Donezkerin gewann die Stichwahl der ukrainischen Präsidentschaftswahlen 2010 gegen die von der USA und der EU unterstützte Julia Timoschenko. Um die Verletzung noch weiter zu beleidigen, wurde Julia Timoschenko am 11. Oktober 2011 zu sieben Jahren Gefängnis verurteilt, weil sie angeblich ihr Amt als Premierministerin der Ukraine missbraucht hatte, als sie das mit Russland im Jahr 2009 unterzeichnete Gasabkommen vermittelte. Ihre Anhänger im Westen riefen an Ihre Inhaftierung war eine Hexenjagd. Sie wurde erst nach dem Sturz ihres Erzfeindes Viktor Janukowitsch freigelassen.

Der Rückschlag der Westmächte gegen die Ukraine im Jahr 2010 machte den amerikanischen Politikberater automatisch zum Feind der Streitkräfte in den Vereinigten Staaten von Amerika und der Europäischen Union, die jahrzehntelang daran gearbeitet hatten, die Ukraine aus Russland in die Umlaufbahn zu bringen der Europäischen Union und der NATO. Per Victoria Nuland, die vom 18. September 2013 bis zum 25. Januar 2017 als stellvertretende Staatssekretärin für europäische und eurasische Angelegenheiten im amerikanischen

Außenministerium tätig war, wurde die EuroMaidan mit einem Preis von 5 Mrd. USD geplant und gesponsert. Die Ukraine wurde in Ordnung gebracht; Janukowitsch wurde von der Macht verdrängt, aber zu einem enormen Preis. Russland annektierte die begehrte Halbinsel Krim, die die Ukraine 1956 von Russland erhielt, als beide Länder konstituierende Republiken der UdSSR (Union der Sozialistischen Sowjetrepubliken) waren In Kiew löste ein Bürgerkrieg aus, in dem die Ukraine weitere zehn Anwesende ihrer Bevölkerung und ein Viertel ihres industriellen Kernlandes verloren hat, so dass die Welt nun vor dem Dilemma steht, wie sie mit zwei nicht anerkannten Republiken, der Volksrepublik Donezk, umgehen soll (DNR) und die Volksrepublik Lugansk (LNR), die beide verlegen pro-russisch sind.

Die Ukraine befindet sich heute in einer geopolitischen Schwebe, da die Begeisterung der Europäischen Union und der USA für das Land nachgelassen zu haben scheint. Die neue politische Führung unter dem antirussischen Oligarchen Petro Poroshenko, die die EuroMaidan an die Macht brachten, wurde in den fünf Jahren, in denen sie die Macht innehatten, diskreditiert, da sich die wirtschaftliche Lage des Landes nicht besserte, da die Behörden nicht zügelten die extreme Rechte, und da die Ukraine mehr als ein Viertel ihrer Bevölkerung durch Auswanderung, den Verlust der Krim und den Krieg im Donbass verlor. Die ukrainischen Wähler äußerten ihre Enttäuschung über die Führung nach EuroMaidan, als sie Poroschenko bei der Stichwahl der ukrainischen Präsidentschaftswahlen am 21. April 2019 abwählten, bei denen er 24,45% der Stimmen gegen die 73,22% erhielt, die sein Gegner Volodymyr Zelensky gewonnen hatte. Ein Komiker, Schauspieler und Drehbuchautor, der vor der Wahl kein politisches Amt bekleidet hatte, nie eine Wahl bestritten hatte und im Grunde keine politische Erfahrung hatte.

II: Michael Cohen

Michael Dean Cohen, der von 2007 bis 2008 die Rolle des persönlichen Anwalts von Donald Trump spielte, ist zwar nicht so groß wie Paul Manafort, aber vielleicht der farbenfrohste und sensationellste der engen Mitarbeiter von Donald Trump, die nach einer Anklage und Verurteilung verurteilt wurden Inquisition der Special Counsel-Untersuchung zu seinen Aktivitäten vor und nach den Präsidentschaftswahlen 2016. Er wurde am 12. Dezember 2018 wegen Steuerhinterziehung durch den Bund zu drei Jahren Gefängnis verurteilt, weil er vor den Präsidentschaftswahlen 2016 im Namen von Donald Trump an der Zahlung von Schweigegeld an zwei Frauen beteiligt war und falsche Aussagen gegenüber Banken und Behörden gemacht hatte der Kongress der Vereinigten Staaten. Tatsächlich bekannte er sich sogar schuldig zu den neun Straftaten, die ihn verurteilt hatten, und erklärte sich bereit, mit Ermittlern zusammenzuarbeiten, die nicht nur die Einmischung Russlands in die Wahlen, sondern auch die Geschäftspraktiken der Donald Trump Organization untersuchten.

Als Michael Cohen dem Gericht bei seiner Verurteilung

sagte, dass *"es meine Pflicht sei, seine schmutzigen Taten zu vertuschen"*, verlängerte er die Konfliktphase mit seinem ehemaligen Chef, weil Donald Trump diesem Michael Cohen widersprach, den die Medien sensationell als Donald Trump bezeichneten "Fixer" vor seiner Untersuchung, die ihn am 21. August 2018 für schuldig befand, lügte. Trotzdem, als der US-Bezirksrichter William H. Pauley III. Cohen zu drei Jahren Gefängnis verurteilte, ihm eine Geldstrafe von 50.000 Dollar auferlegte, ihm eine Rückerstattung von 1,4 Millionen Dollar auferlegte und ihn 500.000 Dollar einbüßte, versetzte er ihm mit Sicherheit einen schweren Schlag persönlicher Anwalt des Präsidenten.

Wie kam es zu dem Punkt, an dem Donald Trumps persönlicher Anwalt von mehr als einem Jahrzehnt gegen ihn arbeiten würde, bis er Donald Trump im Fernsehen sogar als "Rassisten", "Betrüger" und "Betrüger" bezeichnete? Zeugnis vor dem House Oversight Committee, das 10 Stunden dauerte?

Die Dinge begannen am 9. April 2018 auseinanderzufallen, als das FBI aufgrund eines Bundesbefehls, der von der Special Counsel-Ermittlungsbehörde vorgelegt wurde, die Anwaltskanzlei von Michael Cohen, sein Haus und sein Hotelzimmer überfiel und Dokumente und Unterlagen mit sich herumtrug Zahlungen an Stormy Daniels von Michael Cohen, die in der Dokumentation enthalten sind. Und dies war nur ein Monat, nachdem Stormy Daniels (geb.

Stephanie Gregory) aufgrund ihres Interviews mit Donald Trump vom 25. März 2018 (60 Minuten) tatsächlich ins Rampenlicht der Politik und der Medien gerückt war, als sie davon sprach, 2006 eine einmalige sexuelle Affäre mit Donald Trump zu haben Infolgedessen wurde sie später vor ihrer kleinen Tochter bedroht, über die Verbindung Stillschweigen zu üben, 130.000 US-Dollar an Schweigegeld zu verlangen und kurz vor den Präsidentschaftswahlen im Oktober 2016 eine Geheimhaltungsvereinbarung zu unterzeichnen.

Tatsächlich hatten das Klatschmagazin Life & Style und das Blog The Dirty bereits 2011 die Geschichte der angeblichen Affäre veröffentlicht, und Michael Cohen hatte ein anderes Klatschmagazin namens In Touch Weekly daran gehindert, die Geschichte zu veröffentlichen, indem er mit Klage gedroht hatte es. Als das Wall Street Journal die Geschichte am 12. Januar 2018 berichtete und erwähnte, dass Michael Cohen einen Monat vor den Präsidentschaftswahlen Stormy Daniels 130.000 Dollar gezahlt hatte, zwang die internationale Tageszeitung den Anwalt von Donald Trump, darauf zu antworten. Am 13. Februar 2018 gab Michael Cohen der Geschichte etwas Glaubwürdiges und löste wahrscheinlich die Jagd aus, die ihn inhaftierte, als er der New York Times eine sorgfältig formulierte Erklärung veröffentlichte, die zum Teil so lautete:

"Bei einer privaten Transaktion im Jahr 2016 habe ich meine eigenen persönlichen Mittel verwendet, um eine Zahlung von 130.000 USD an

Frau Stephanie Clifford zu ermöglichen. Weder die Donald Trump Organisation noch die Donald Trump Kampagne waren an der Transaktion mit Frau Clifford beteiligt und haben mich auch nicht erstattet für die Zahlung, entweder direkt oder indirekt."

Die Tatsache, dass Stormy Daniels am 30. April 2018, einen Tag nach dem Überfall auf Cohens Wohnort, eine Klage gegen Donald Trump wegen Verleumdung einreichte, weil der Präsident ihre Äußerungen und eine frühere Klage als "Betrug" bezeichnete, sagt viel über den Weg aus Die Kriegführenden legten ihre Aktionen fest. Sie hatte ihre Klage gegen Donald Trump am 6. März 2018 mit der Begründung eingereicht, die von ihr unterzeichnete Geheimhaltungsvereinbarung sei ungültig, da Donald Trump sie nie persönlich unterzeichnet habe. Erst als Michael Cohen sich am 21. August 2018 schuldig bekannte, bei den Präsidentschaftswahlen 2016 gegen die Finanzgesetze verstoßen zu haben, indem er mit dem Schweigegeld für die angeblichen Liebhaber von Mr. Trump umging, wurde die Öffentlichkeit auf eine Kluft zwischen ihm und Donald Trump aufmerksam . Zu diesem Zeitpunkt sagte sein persönlicher Anwalt, Lanny Davis, Michael Cohen sei bereit, *"alles über Donald Trump zu erzählen, was er weiß".* Diese offensichtliche Umwandlung von Trumps persönlichem Anwalt oder "Fixierer" zu Trumps potentieller "Nemesis" schien ein Schubser gewesen zu sein, als Cohen sich am 11. Oktober 2018, neunzehn Monate nachdem er seine Mitgliedschaft in der

Partei aufgegeben hatte, erneut als Demokrat registrierte ein Republikaner zurück am 9. März 2017.

Donald Trumps ehemaliger Anwalt würde das Versprechen einhalten, über seine frühere Zusammenarbeit mit Donald Trump informiert zu werden, als er sich am 29. November 2018 schuldig bekannte und eine Anklage vorbrachte, die er dem Senate Intelligence Committee and House vorlegte Intelligence Committee im Jahr 2017 über die 2015 und 2016 vorgeschlagenen Donald Trump Tower Moskau Deal, den er an der Spitze stand. Der Grund, den er für diesen Akt der Meineid angab, war, dass er wollte, dass seine Aussagen mit Donald Trumps *"wiederholten Verleugnungen der kommerziellen und politischen Beziehungen zwischen ihm und Russland"* in Einklang stehen. Obwohl er zu zwei Monaten Haft verurteilt wurde, um gleichzeitig zu seiner dreijährigen Haftstrafe verbüßt zu werden, hat er sich offenbar nicht verschlechtert, als er am 27. Februar 2019 vor dem House Oversight Committee erschien und Reue und Schande für einige von ihnen zum Ausdruck brachte die Dinge, die er als persönlicher Anwalt von Donald Trump getan hat, und ging dann so weit, darauf hinzuweisen, dass der Präsident ihm die illegalen Schweigezahlungen, die er geleistet hat, erstattet hat.

Es sieht so aus, als hätten Michael Cohens Zeugenaussagen vom 28. Februar 2019 und vom 6. März 2019 vor dem Geheimdienstkomitee des Repräsentantenhauses weitere Informationen über den Präsidenten geliefert, die einige gewählte Beamte, insbesondere der Demokratischen Partei, für geeignet halten, den Donald zu holen Trump Präsidentschaft vorzeitig zu Ende. Wenn das wirklich der Fall ist, dann sollten die amerikanische Öffentlichkeit und diejenigen im Ausland, die die Donald Trump-Kollusionssaga für ihre Aufmerksamkeit wert halten, eine weitere Wendung in der Geschichte erwarten, wobei Michael Cohen als Hauptkatalysator fungiert. Und wenn man von einem Mann ausgeht, der einmal behauptet hat, er würde Donald Trump eine Kugel abschießen, wäre ein solcher Standpunkt in der Tat eine faszinierende Entwicklung.

III: George Papadopoulos

Eine weitere Person, die sich ebenfalls im Fadenkreuz der Special Counsel-Untersuchung befand, war George Papadopoulos, ein Polyglot an sich, der Arabisch, Englisch, Französisch und Griechisch spricht. Der frühere außenpolitische Berater des Wahlkampfteams von Donald Trump bekannte sich am 5. Oktober 2017 schuldig, FBI-Agenten über Kontakte mit einem möglichen Agenten belogen zu haben, der für russische Interessen arbeitet behauptete, "Dreck" auf Hillary Clinton zu haben. Er wurde am 7. September 2018 zu 14 Tagen Gefängnis und am 7. Dezember 2018 zu einer zwölfmonatigen Haftstrafe verurteilt.

In seinem Buch mit dem Titel *"Deep State Target: How I Got Caught in the Crosshairs of the Plot to Bring Down President Trump"*, gibt George Papadopoulos seine Seite der Geschichte und seine Analyse der gesamten Angelegenheit wieder und vermutet, dass er und mehrere

Donald Trump-Kampagnen Mitarbeiter wurden von der Untersuchung des Special Counsel und einigen Sicherheitsdiensten des Landes festgenommen.

Wie verwickelte sich der junge Energieberater mit klugen Augen, der im Alter von achtundzwanzig Jahren von Dezember 2015 bis Februar 2016 für Ben Carsons Kampagne arbeitete, einen Monat später in die Donald Trump-Kampagne? Fall mit internationalen Verschwörungen, von denen er behauptete, dass sie ihm damals unbekannt waren?

Die Antwort liegt in Papadopoulos 'Rolle in der Donald Trump Kampagne als der Mann, der Treffen mit ausländischen Führern arrangierte, eine Rolle, die ihn in regelmäßigen Kontakt mit hochrangigen Wahlkampfbeamten brachte. Seine zwischenmenschliche Verantwortung setzte ihn versehentlich heimtückischen Charakteren aus, von denen sich herausstellte, dass es sich um einen maltesischen Akademiker namens Joseph Mifsud handelte. Laut Aussagen einiger prominenter Personen in der Untersuchung hatte Mifsud Verbindungen auf hoher Ebene zur russischen Regierung. Die Tatsache, dass Papadopoulos ihn zweimal traf und ihm zum zweiten Mal mitgeteilt wurde, dass Russland Hillary Clinton "beschmutzt" habe, war ein Verdacht, den man nicht so leicht abweisen könne. Was ihn jedoch zu einem möglichen Ziel für den amerikanischen Sicherheitsapparat machte, war sein Treffen am 10. Mai 2016 mit dem australischen

Top-Diplomaten Alexander John Gosse Downer in London, wo er dem Australier angeblich von dem "Dreck" auf Hillary Clinton erzählte, die zu der Zeit war unter Kontrolle für das Löschen von Tausenden ihrer E-Mails. Downer würde das FBI darüber informieren und das FBI würde eine Untersuchung gegen George Papadopoulos und andere Mitarbeiter von Donald Trump einleiten, wenn Russland versucht, die amerikanischen Präsidentschaftswahlen 2016 zu stören. Dies geschah im Anschluss an die von mutmaßlichen russischen Geheimdienstagenten durchgeführten Hackerangriffe auf das Demokratische Nationalkomitee, bei denen E-Mails von einem oder mehreren Hackern gestohlen wurden, die unter dem Pseudonym "Guccifer 2.0" operierten, sowie auf die E-Mails von John Podesta, dem Vorsitzenden des Jahres 2016 Präsidentschaftskampagne von Hillary Clinton; Dies geschah, nachdem die gehackten Informationen im Juni und Juli 2016 von DC Leaks und am 22. Juli 2016 von WikiLeaks veröffentlicht wurden.

Obwohl Papadopoulos Mifsuds Kommentar zu "Dreck" über Hillary Clinton nicht sofort dem amerikanischen Geheimdienst mitteilte und er akzeptierte, dass er für eine bessere Zusammenarbeit mit Russland war, bestritt er, die russische Regierung zu erreichen. FBI-Agenten würden ihn jedoch am 27. Januar 2017 zu den Verbindungen der Donald Trump-Kampagne mit Russland befragen. Am 27. Juli 2017, kurz nachdem er von einem Flug aus dem Ausland auf dem internationalen Flughafen Washington-Dulles gelandet war, folgte seine Festnahme ohne Haftbefehl. Und auch das war ein paar Tage, nachdem er als Gefolgsmann von einem Mann in Israel 10.000 US-Dollar erhalten hatte, von dem er behauptete, dass er ihm das Unheil angetan habe, der aber den Zweck des Geldes als seine Absicht erklärte, Geschäfte mit Papadopoulos zu machen.

Als George Papadopoulos Maria Bartiromo von Fox Business News am 14. Mai 2019 mitteilte, dass die Ermittler die Barzahlung in Höhe von 10.000 USD prüfen sollten, die er von dem Mann erhalten hatte, von dem er behauptet, dass er ein Spion sei, schien er sich mit Donald Trump über seine Spygate-Verschwörungstheorie abzustimmen Die Regierung seines Vorgängers Barack Obama hat in seiner Präsidentschaftskampagne 2016 einen Spion für politische Zwecke eingesetzt. Papadopoulos hat in diesem Interviewauszug mehr Fragen aufgeworfen als beantwortet:

... Ich komme nach Dulles, ich habe FBI-Agenten, die nicht einmal wissen, warum sie mich verhaften. Ich habe keinen Haftbefehl, der auf mich wartet. Mir wird nicht gesagt, warum ich verhaftet werde. Und später erfahre ich aus einem Bericht, der vor ein paar Tagen herauskam, dass Andrew Weissmann und Müllers Team mit Beamten in Zypern in Kontakt standen. Ich denke, der Rechtsattaché dort, um über Paul Manafort und mich selbst zu sprechen, weil ich tatsächlich in Zypern war Zypern in diesem Sommer.

Also war hier etwas los, was hinterlistig war. Ich denke, diese Rechnungen, die sich derzeit noch in

Athen befinden, müssen von den Ermittlern geprüft werden, da sie meiner Meinung nach gekennzeichnet sind und den gesamten Weg zurück zum DOJ gehen, unter dem vorherigen FBI unter Comey und sogar zum Müller-Team .

Wenn das Müller-Team darum geht, Wahlkampf- und Trump-Mitarbeiter so zu verhaften, wie sie es mit mir gemacht haben, bin ich mir sicher, dass nicht nur ich es getan habe, und es wird eine riesige Dose Würmer auftun, und ich denke Wir müssen genau auf den Grund gehen, nicht nur, wie diese Geschichte begann, sondern warum sie uns gefangen hat, um vorwärts zu kommen ..."

In der Überzeugung, dass die Scheine der 10.000 US-Dollar, die er erhalten hatte, gekennzeichnet waren, ging George Papadopoulos während des Interviews noch weiter und forderte die Überprüfung der Banknoten durch den Kongress, William Barr, den Generalinspektor des Justizministeriums der Vereinigten Staaten, Michael E. Horowitz, sowie John W. Huber, der 2017 von US-Generalstaatsanwalt Jeff Sessions ernannt wurde, um Ermittlungen zur Überwachung von Carter Page durch das FBI und zu Verbindungen zwischen der Clinton Foundation und Uranium One einzuleiten. George Papadopoulos bat auch andere Behörden und Ermittler um Beiträge.

Einige Experten betrachten die Papadopoulos-Affäre aus mehreren Gründen als trübe und zitieren als Beispiele eine

Reihe von Hinweisen, Downers Interview vom 28. April 2018 mit *The Australian* --- Australiens meistverbreiteter national verbreiteter Zeitung --- in dem er unter anderem sagte, dass *"... nichts [Papadopoulos] sagte In ihrem Treffen gab Donald Trump an, sich mit den Russen verschworen zu haben, um Informationen über Hillary Clinton zu sammeln."*; sowie die Tatsache, dass Joseph Mifsud *"fehlt und möglicherweise verstorben ist"*, eine Information aus dem September 2018, die bei einem amerikanischen Bundesgericht im Fall *Democratic National Committee gegen Russian Federation* eingereicht wurde und mit Sicherheit die Augenbrauen hochzieht.

IV: Alex Van Der Zwaan

Der in Belgien geborene Niederländer Alex van der Zwaan war der erste, der im Zusammenhang mit der Untersuchung des Special Counsel wegen möglicher Absprachen mit Russland zu einer Haftstrafe verurteilt wurde. Die 30-tägige Haftstrafe des Anwalts beruhte jedoch auf der Tatsache, dass er sich schuldig bekannte, Bundesagenten wegen seiner Kontakte mit dem stellvertretenden Vorsitzenden von Donald Trumps Wahlkampf Rick Gates im September 2016 belogen zu haben, während er Fragen zu russischen Einmischung bei den Wahlen im Jahr 2016 beantwortete die USA.

Es war jedoch die Arbeitsbeziehung von Alex van der Zwaan mit Paul Manafort, die ihn auf das Radar des FBI, der CIA und der anderen Sicherheitsapparate der

Vereinigten Staaten von Amerika setzte. Während seiner Zeit als Anwalt in der Londoner Kanzlei der internationalen Anwaltskanzlei Skadden, Arps, Slate, Meagher & Flom LLP (2007-2017) war er für seine Firma in verschiedenen Beratungsbereichen in Russland und der Ukraine tätig. In dieser Zeit fand er auch seine Frau - die Tochter des in der Ukraine geborenen Deutschen Borisovich Khan, eines wohlhabenden Mitinhabers der russischen Alfa Bank, der nicht nur die ukrainische, russische und israelische Staatsbürgerschaft innehat Name, der in dem berüchtigten Dossier des ehemaligen britischen Geheimdienstoffiziers Christopher Steele erwähnt wird, im Wesentlichen ein umstrittener Bericht, der die Geschichte von Russia Collusion auslöste. Tatsächlich reichten der Deutsche Khan und seine Alfa-Bank-Mitinhaber Mikhail Fridman und Petr Aven im Mai 2017 eine Klage wegen Verleumdung gegen BuzzFeed ein und warfen dem amerikanischen Medien-, Nachrichten- und Unterhaltungsunternehmen vor, das nicht verifizierte Trump-Russland-Dossier zu veröffentlichen, das angebliche finanzielle Bindungen untermauerte Absprache zwischen Donald Trump, dem russischen Präsidenten Wladimir Putin und den drei Eigentümern der Alfa Bank.

Die Verbindung von Alex van der Zwaan zu Manafort und Rick Gates ging aus dem Bericht von 2012 hervor, dass die Regierung des damaligen ukrainischen Präsidenten Viktor Yanukovych Skadden Arps beauftragte, über Manafort - eine üble Arbeit - an dem damaligen US-Botschafter in der Ukraine, John, zu arbeiten E. Herbst, gegen die pro-westliche ehemalige Ministerpräsidentin der

Ukraine, Julia Timoschenko, die effektiv eingesetzt wurde, um ihre Strafverfolgung, Verurteilung und siebenjährige Haftstrafe von 2011 zu verteidigen, die nur durch den Euromaidan von 2014 verkürzt wurde. Alex van der Zwaan wurde jedoch angeklagt, weil er einen ungünstigen Bericht über Julia Timoschenko in den USA und anderen westlichen Ländern verbreitet und angeblich über seine Kommunikation mit Rick Gates und Manaforts langjährigem Geschäftspartner Konstantin Kilimnik gelogen hatte, den der Sonderberater als einen bezeichnet hatte ehemaliger russischer Geheimdienstoffizier.

Die Tatsache, dass Skadden Arps im Januar 2019 zugestimmt hat, 4,6 Millionen US-Dollar als Ausgleich an das Justizministerium zu zahlen, um die von der Firma mit Paul Manafort geleistete Arbeit zu untersuchen und nachträglich ordnungsgemäße Dokumente für die Lobbyarbeit im Ausland einzureichen, sagt uns Folgendes: viel über die ukrainische Verbindung in Alex van der Zwaan in Ungnade fallen. Und die Tatsache, dass er nach seiner Gefängnisstrafe abgeschoben wurde, erklärt die übergroße Rolle, die die ukrainische Verbindung in der gesamten Absprachengeschichte in den Augen einiger Menschen spielte.

V: Richard Pinedo

Ein Fall, der von den Massenmedien wenig beachtet wurde, war das Urteil des US-Bezirksrichters Dabney L. Friedrich vom 10. Oktober 2018, das den Computerhelden Richard

Pinedo zu sechs Monaten Gefängnis und sechs Monaten Haft wegen Identitätsbetrugs verurteilte auf seine Rolle als Betreiber eines Online-Server-Unternehmens namens Auction Essistance, das sich mit dem Kauf und Verkauf von Bankkontonummern befasste und den Benutzern dabei half, die Sicherheitsmaßnahmen digitaler Zahlungsunternehmen wie eBay und PayPal zu umgehen. Richard Pinedo war per se eine illegale Aktion und hatte das große Pech, diese gefälschten Online-Identitäten an 13 Russen zu verkaufen, die damit Anzeigen auf Facebook kauften. Diese Russen wurden von der Special Counsel-Untersuchung angeklagt, weil sie sich in die Präsidentschaftswahlen 2016 eingemischt hatten.

Das Kerngeschäft von Auction Essistance, bei dem es um die Vermittlung von Bankkontonummern ging, ermöglichte es Personen, die von Websites wie PayPal und eBay ausgeschlossen worden waren, erneut Geschäfte mit diesen Websites zu tätigen, jedoch unter einer anderen Identität. Eigentlich hatte Richard Pinedo zwei Jahre lang die Leitung inne, bis er die Aufmerksamkeit der Sicherheitsbehörden des Landes und des Müller-Teams auf sich zog. In seiner Einverständniserklärung vom 2. Februar 2018 bekannte sich der junge Mann zu zwei Straftaten wegen Identitätsbetrugs und der Verwendung der Identität anderer Personen für "rechtswidrige Handlungen" schuldig. Durch die uneingeschränkte Mitarbeit bei den Ermittlungen wurden die fünfzehn Jahre im Bundesgefängnis und die Strafe in Höhe von 250.000 US-Dollar, die ein solches Verbrechen mit sich bringt, auf die begrenzte Haftstrafe herabgesetzt, so dass er heute ein freier Mann ist. In der

Tat, als er das Gericht am Tag seiner Verurteilung sagte, dass,

> *"Ich übernehme die volle Verantwortung für das, was ich getan habe. Ich habe versucht, alles zu tun, um bei diesen Ermittlungen zu helfen",*

er machte sich zu einem der kooperativsten Angeklagten, mit denen die Special Counsel Investigation zusammenarbeitete.

KAPITEL DREI

Absprachen und Vorhölle

"Wenn Sie wollen mit Ihrem Feind Frieden schließen, Sie müssen mit Ihrem Feind zusammenarbeiten." Dann wird er dein Partner."
Nelson Mandela

"Wenn du die Wahrheit sagst, musst du dich an nichts erinnern."
Mark Twain

"Wer versuchen würde, die Freiheit einer Nation zu stürzen, muss zunächst die Redefreiheit unterdrücken."
Benjamin Franklin

Es gibt ein Gefühl der Ambivalenz, wenn es um die Art der Fälle geht, in denen einige der von der Special Counsel-Untersuchung geprüften Personen beteiligt sind. Die Art ihrer Ausreden, anhängigen Urteile und Zusammenarbeit lässt den Boden fruchtbar werden, damit sich alle möglichen Verschwörungstheorien entwickeln können. Wir müssen nur einige dieser Fälle untersuchen, um unsere eigenen Schlussfolgerungen zu ziehen.

I: Michael Thomas Flynn

Donald Trumps erster nationaler Sicherheitsberater Michael Thomas Flynn, der vom 23. Januar 2017 bis zum 13. Februar 2017 in der Trump-Administration tätig war, war der zweite große Fisch im Donald Trump-Lager, der von der Special Counsel Investigation verrechnet wurde. Seine längste Karriere hatte er bei der United States Army, wo er 33 Jahre lang diente, bis er im August 2014 als Generalleutnant in den Ruhestand trat. Gleich nach seiner Zeit bei der amerikanischen Armee machte er sich an die Arbeit.

Michael Flynn wird von manchen als ein noch größerer Fisch angesehen als Paul Manafort. Er war gezwungen, am 13. Februar 2017 aus der Donald Trump-Administration auszutreten, nachdem er Kenntnis davon erlangt hatte, dass er das FBI und den amerikanischen Vizepräsidenten Mike Pence über die Art und den Inhalt seiner Kommunikation mit Sergey Kislyak, der am Die Zeit war der russische

Botschafter in den Vereinigten Staaten von Amerika.

Nach mehreren eingehenden Ermittlungen und engen Kontakten mit verschiedenen Bundesbehörden bekannte sich Michael Flynn am 1. Dezember 2017 schuldig, dem FBI "vorsätzlich und wissentlich" falsche, fiktive und betrügerische Aussagen zu einem Beratungsvertrag über 530.000 USD gemacht zu haben, den er mit dem niederländischen Unternehmen abgeschlossen hatte Inovo BV, das in erster Linie der türkischen Regierung zugute kommen sollte, und über seine Gespräche mit Sergey Kislyak, obwohl er später erklärte, dass er den ausländischen Diplomaten während seines Gesprächs mit dem russischen Botschafter am 29. Dezember 2016 gebeten habe, *"von einer Eskalation abzusehen...als Reaktion auf die Sanktionen, die die Vereinigten Staaten am selben Tag gegen Russland verhängt hatten."* Michael Flynn ist bisher nicht verurteilt worden, obwohl mehrere Versuche dazu in Aufschub geraten sind. Tatsächlich ergab die Untersuchung von Mueller, dass er nur wenig oder gar keine Zeit im Gefängnis haben sollte, was durch ein Urteil bestätigt wurde, das am 4. Dezember 2018 veröffentlicht wurde und besagt, dass Michael Flynn *"verdient Anerkennung für die rechtzeitige Übernahme von Verantwortung und für die umfassende Unterstützung der Regierung."*.

Es war jedoch die Verbindung von Michael Flynn mit Unternehmen und Regierungen, die zu Beschwerden über mögliche Interessenkonflikte und einer gegen ihn erhobenen Strafanzeige führte. Es wird weithin behauptet, dass die beeindruckende Zahl und Substanz von Geschäftsaktivitäten, die er nach seinem Ausscheiden aus dem Militär bis zu seiner Ernennung zum nationalen Sicherheitsberater von Donald Trump am 23. Januar 2017 anhäufte, sein Verhängnis war. Während dieser Zeit war er Mitglied des Verwaltungsrats mehrerer Organisationen und leitete eine Beratungsfirma, die Nachrichtendienste für Unternehmen und Regierungen bereitstellte. Flynn Intel Group Inc, wie das Beratungsunternehmen genannt wurde, entwickelte sich im Laufe der Zeit, um Tochterunternehmen einzubeziehen.

Genau wie Paul Manafort war auch Flynn im Fadenkreuz mehrerer Bundesbehörden, bevor er in das Donald Trump-Team aufgenommen wurde. Kurz nach den Präsidentschaftswahlen 2016 machte er sogar den Anwalt des Übergangsteams, Don McGahn, darauf aufmerksam, dass er während des Wahlkampfs wegen heimlicher Lobbyarbeit für die Türkei untersucht wurde. Präsident Obamas Warnung an den gewählten Präsidenten Donald Trump vom 10. November 2018 gegen die Einstellung von Michael Flynn sowie die Empfehlung von Chris Christie an Donald Trump, den pensionierten Generalleutnant zu seinem nationalen Sicherheitsberater zu machen, erklären das Ausmaß des Rindfleischs Die Obama-Administration und die Geheimdienste hatten mit Michael Flynn zu tun. Seltsamerweise war es Präsident Barack Obama, der Michael Flynn zum 18. Direktor der Defense Intelligence Agency ernannte, eine Position, die er vom 24. Juli 2012 bis zum 7. August 2014 innehatte.

Noch bevor Michael Flynn nach 33 Dienstjahren in den Ruhestand trat, hatte er Zweifel an der Darstellung der Obama-Regierung geäußert, dass Al-Qaida kurz vor der

Niederlage stehe. Er hatte auch die Weisheit in Frage gestellt, den syrischen Starken Baschar Al-Assad zu stürzen, und seine Argumente mit der Begründung begründet, dass der syrische Aufstand von radikalen Islamisten dominiert wurde, die sich für die Schaffung eines islamischen Kalifats einsetzten. Mit dieser Haltung machte sich Michael Flynn automatisch zu einem unerbittlichen Gegner der Obama-Administration, der Bürokratie, des politischen Establishments und sogar einiger einflussreicher ausländischer Verbündeter. Außerdem kritisierte der ehemalige Soldat unter anderem die Nahostpolitik Obamas während der Präsidentschaftskampagne weiter, bis zu dem Punkt:

- erklärte sogar am 11. Juli 2016, dass er ein "Pro-Life-Demokrat" war

- die Vereinigten Staaten auffordern, in Syrien "konstruktiv mit Russland zusammenzuarbeiten"

- gegen das iranische Atomabkommen

- Lobbyarbeit für die Regierung des türkischen Präsidenten Recep Tayyip Erdoğan auch nach dem Putschversuch gegen den türkischen starken Mann am 15. Juli 2016, auf den Erdoğan mit einer Säuberung und einem Aufruf an die Vereinigten Staaten von Amerika reagierte, "... die Auslieferung von Fethullah Gülen" in die Türkei, obwohl er wusste, dass der türkische Islamwissenschaftler, politische Führer und Prediger sein Erzrivale war. Tatsächlich haben die Aktionen und Maßnahmen des türkischen Präsidenten vor Jahren begonnen, die Türkei langsam von ihren westlichen Verbündeten zu distanzieren.

- vor allem den überzeugten Demokraten im Geheimdienst- und Sicherheitsapparat den Weg zu ebnen, um ihn als Deckmantel zu betrachten, insbesondere nachdem er dem Donald Trump-Team beigetreten war.

II: Rick Gates

Ein Fall in der Special Counsel-Untersuchung, dessen Ausgang mit Spannung erwartet wird, ist Rick Gates, der frühere Geschäftspartner von Paul Manafort, der besser bekannt ist als Donald Trumps ehemaliger Vorsitzender der Kampagne, der im Gefängnis sitzt. Rick Gates arbeitete vor und während der Kampagne für Manafort. Das Tandem von Gates und Manafort beinhaltete nicht nur die Zusammenarbeit von Gates und Manafort bei einigen Geschäftsabschlüssen, darunter die Beratung des abgesetzten ukrainischen Präsidenten Viktor Janukowitsch. Tatsächlich war Rick James einst stellvertretender Vorsitzender der Präsidentschaftskampagne von Donald Trump und leitete sogar das Eröffnungskomitee von Trump. Die Tatsache, dass er sich im Februar 2018 schuldig bekannte, FBI-Agenten und eine Verschwörung gegen die Vereinigten Staaten von Amerika als Ergebnis seiner Arbeit mit Paul Manafort zugunsten des ehemaligen ukrainischen Präsidenten als nicht registrierter Lobbyist belogen zu haben, lässt viel zu wünschen übrig Raum für Spekulationen.

Der in Virginia geborene und ansässige Rick Gates hat Paul Manafort während seines Praktikums bei der Beratungsfirma Black, Manafort, Stone und Kelly kennengelernt. Er beeindruckte den republikanischen Lobbyisten Rick Davis, als er im Büro der Firma in Washington, DC, arbeitete. Nachdem Rick Davis und Paul Manafort 2006 eine neue Beratungsfirma mit dem Namen Davis Manafort gegründet hatten, glaubte er, dass man sich auf Rick Gates verlassen könne, und stellte ihn deshalb ein. Mit einem Büro in der ukrainischen Hauptstadt Kiew warb Davis Manafort um Kunden in der ostslawischen Welt und arbeitete schließlich für den ukrainischen Politiker und späteren ukrainischen Präsidenten Viktor Janukowitsch sowie für andere Kunden wie den russischen Oligarchen Oleg Deripaska Englisch: emagazine.credit-suisse.com/app/art...1007 & lang = en Gates war für das Beratungsunternehmen von unschätzbarem Wert, bis er 2006 eine wichtige Rolle bei der Vermittlung eines Treffens zwischen dem damaligen Senator und dem Präsidenten John McCain spielte der russische Oligarch Deripaska. Kein Wunder also, dass Rick James, nachdem er 2008 Davis Manafort verlassen und sich John McCains Präsidentschaftskampagne angeschlossen hatte, sein logischer Nachfolger in der Firma wurde. Auf diese Weise stiegen sein Vermögen und sein Unglück in der Firma bis zu dem Punkt, an dem er neben Paul Manafort in der Auslandsberatung tätig war, die Janukowitsch und seiner Partei half, die Parlamentswahlen von 2006 und die

Präsidentschaftswahlen von 2010 zu gewinnen, die Janukowitschs politisches Comeback und seine Vorherrschaft markierten Jeweils ukrainische Politik; das heißt, bis zu seinem Sturz im Jahr 2014.

Es ist schwierig, jemanden zu finden, der sagen würde, dass Rick Gates Karriere und Leben nicht in den Abgrund geraten, als er im Juni 2016 für die Donald Trump-Kampagne arbeitete, nachdem Donald Trump Paul Manafort zu seinem Kampagnenleiter gemacht hatte. Manafort zögerte nicht, ihn zum stellvertretenden Kampagnenmanager zu befördern, der für die täglichen Aktivitäten der Kampagne verantwortlich ist, als könnte er ohne seinen zehnjährigen Untergebenen nicht in der obersten Kampagnenposition erfolgreich sein.

Rick Gates wäre in der Tat von unschätzbarem Wert, da Donald Trump die Präsidentschaftswahlen 2016 gewinnen würde. Als jedoch eine große Bundesjury am 27. Oktober 2017 Rick Gates und Paul Manafort anklagte, als Teil der Untersuchung der russischen Einmischung bei den Wahlen in den Vereinigten Staaten 2016 sowie damit zusammenhängender Angelegenheiten, die die Untersuchung des Special Counsel durchführte, wurde festgestellt, dass Die Geschichte von Rick Gates hatte mehr zu bieten, als man sich vorstellen konnte. Er und Manafort würden sich jedoch bei ihrer gerichtlichen Anhörung zum 30. Oktober 2017 nicht schuldig bekennen, die Anklage wegen Verschwörung gegen die Vereinigten Staaten von Amerika, falscher Angaben, Geldwäsche und Nichtregistrierung als Ausländer erhoben zu haben Bevollmächtigte für die Ukraine gemäß dem Foreign

Agents Registration Act.

Die Dinge nahmen eine unerwartete Wendung, als Robert Mueller am 22. Februar 2018 im Fall Manafort and Gates neue Anklagepunkte enthüllte und die Zahl damit auf 32 erhöhte --- sechzehn Fälle von falsche Einkommensteuererklärungen, Sieben Fälle betrafen das Nichteinreichen von Berichten über Finanzkonten und ausländische Bankkonten, fünf Fälle von Bankbetrugsverschwörung und vier Fälle von Bankbetrug. Rick Gates reagierte auf die Entwicklung, indem er sich am 23. Februar 2018 schuldig bekannte, eine Verschwörung gegen die Vereinigten Staaten von Amerika begangen und eine falsche Aussage gemacht zu haben. Er erklärte sich auch bereit, mit der Müller-Untersuchung zusammenzuarbeiten. Er arbeitete später als Starzeuge gegen Paul Manafort und gewährte dem Special Counsel einen Einblick in die umfassende siebenjährige kriminelle Verschwörung, die er mit Manafort durchführte, von der Lüge über den Internal Revenue Service bis hin zur Geldwäsche und zur Aufwandserhöhung Konten mit falschen Gebühren, um die Zahlung von Steuern zu vermeiden und Dokumente an Banken zu fälschen, um Kredite in Millionenhöhe zu erhalten.

III Roger Stone

Roger Stone, een kleurrijke politieke adviseur en een langdurig medewerker van Donald Trump, is toevallig een van de populaire namen in verband met het onderzoek naar de speciale raad, maar dat er nog geen oordeel is uitgesproken. Als slechts een informele adviseur van de Donald Trump-campagne, werd hij logischerwijs niet verondersteld in de lijst met topverdachten in het Russian Collusion-verhaal te staan, maar hij wordt door velen beschouwd als de meest imposante van alle "slachtoffers" of "schurken" van het Mueller-onderzoek. Niet dat veel mensen weg zouden komen met iemand de schuld te geven omdat hij dacht dat Roger Stone gedeeltelijk verantwoordelijk was voor het aantrekken van zoveel negatieve publiciteit naar zichzelf, wat leidde tot zijn arrestatie en aanklacht op 25 januari 2019 met betrekking tot zeven aanklachten met betrekking tot vijf tellingen van liegen tegen onderzoekers, getuige zijn van geknoei en het belemmeren van een officiële procedure. Op dezelfde dag vrijgelaten, beloofde hij de aanklachten te bestrijden.

De scherpe tong Roger Stone kwam over als een provocateur, goed toen hij de kat uit de zak leek te laten door op Twitter te hint over schadelijke informatie die op het punt stond aan het licht te worden gebracht op Hillary Clinton en haar presidentiële campagnevoorzitter van 2016 John Podesta. Het feit dat hij die tweets slechts enkele dagen vóór 7 oktober 2016 stuurde, toen WikiLeaks begon met het publiceren van de duizenden e-mails die volgens hem werden opgehaald uit Podesta's privé-Gmail-account, maakte het des te logischer dat hij zich in de lijst bevond van top Donald Trump campagnemensen die op de hoogte waren van plannen van WikiLeaks om de gestolen e-mails openbaar te maken. Om de eenvoudige reden dat de e-mails Hillary Clinton's posities of campagnestrategie in gevaar brachten, en het feit dat ze door Russische agenten werden gestolen uit de Clinton-campagne en het Democratic National Committee, maakte Roger Stone zichzelf per ongeluk zeer verdacht, niet alleen van betrokkenheid bij de Russen geloofden het hacken te hebben gedaan, maar ook om te gaan met WikiLeaks.

Een nieuwsgierige geest zou moeilijk kunnen antwoorden of Roger Stone een agent-provocateur zou kunnen zijn, zoals hij zelf beweerde; en zo ja, wat bedoelde hij eigenlijk toen hij onder andere zei: "De vuile truc van de ene man is de politieke, maatschappelijke actie van de andere."

Er is geen twijfel dat Roger Stone de aanklachten, die hij als politiek gemotiveerd beschouwde, heeft bestreden op een manier die naar verontwaardiging smakt. En hij heeft zo krachtig en met fanfare gedaan die aandacht verdient, zijn bewering of belofte bewerend dat hij geen "valse getuigenis zou afleggen" tegen Donald Trump, een standpunt dat hem heeft zien ontkennen dat hij voor en na de verkiezingen iets verkeerd heeft gedaan. is de reden waarom hij, terwijl hij de president echoot door het onderzoek herhaaldelijk een "heksenjacht" te noemen, in feite de bewering bevestigt dat de beschuldigingen van samenspanning met Rusland *"een stomende plaat van stier zijn ...",* zoals hij ooit zei.

Toch zag bijna niemand het aankomen op 18 februari 2019; hij plaatste een foto op Instagram van Amy Berman Jackson, de federale rechter die toezicht hield op zijn zaak, met wat leek op dradenkruis van een richtkijker naast het hoofd van de rechter. Ondanks de verontschuldiging van

Stone de volgende dag, reageerde Amy Berman Jackson op de niet-gevraagde blunder door de beklaagde een volledige knevel op te leggen op grond van het feit dat hij geen "gevaar" voor anderen zou vormen als hij de zaak niet in het openbaar zou bespreken.

Toen assistent US procureur Jonathan Kravis op 20 juni 2019 andere officieren van justitie leidde om te schrijven dat "de posten van Stone dit bevel van de rechtbank overtreden dat Stone geen commentaar geeft" in de media of in openbare instellingen over het onderzoek van de speciale raadsman of deze zaak of een van de deelnemers in het onderzoek of de zaak. '", kwam Travis over als iemand die er vast van overtuigd was dat de recente berichten in de sociale media van de vertrouwde Donald Trump-vertrouwenspersoon die de FBI aanviel en de speciale raadssonde van Robert S. Mueller III een herhaling was van zijn schending van de prop van de federale rechter. Ongeacht hoe de verschillende facties ernaar kijken, het is de reactie van de commentatoren die het meest irritant waren voor de vervolging. Niet alleen noemden sommigen van hen het onderzoek als een *"Rusland Hoax"*, maar sommigen van hen gingen ook zover dat ze het Roger Stone-verdedigingsteam applaudisseerden voor het onthullen van *"diep verontrustende lessen over het niveau van corruptie op de hoogste niveaus van de agentschappen belast met het beschermen van ons tegen externe bedreigingen..."* Die verklaringen zijn in wezen een veroordeling van de inlichtingengemeenschap.

Der extravagante Roger Stone scheint die jüngsten Entwicklungen zu Beginn seines Prozesses am 5.

November 2019 ernst zu nehmen, da er drei Tage später eine Spendenaktion in Annandale, einem bürgerlichen Stadtteil von New York City, in Staten Island abhielt Holen Sie sich einen Teil der 2 Millionen Dollar an Anwaltsrechnungen zurück, die der Fall ihn kostet. Als Richter Amy Berman Jackson vom Bezirksgericht Washington, DC, am 16. Juli 2019 verbot, auf allen wichtigen Social-Media-Plattformen (Instagram, Facebook und Twitter) irgendetwas zu posten, nachdem er gegen eine bereits strenge Gag-Verordnung verstoßen hatte In einem kriminellen Fall mussten Experten darüber nachdenken, dass er Glück hatte, insbesondere nachdem eine Litanei seiner letzten Posts von seinem Instagram-Account als Beweis für seine Verletzung der Gag-Verordnung vorgelegt wurde, um zu verhindern, dass er zukünftige Geschworene beeinträchtigt.

IV: Gregory Bestor Craig

Am 12. August 2019 erreichte die Öffentlichkeit die Nachricht, dass der 19. August 2019 als Verhandlungstermin für Gregory Bestor Craig angekündigt wurde, einen Anwalt, der vom 20. Januar 2009 bis zum 3. Januar 2010 als Anwalt des Weißen Hauses unter der Leitung des Präsidenten tätig war Barack Obama, es war eine merkwürdige Phase in der amerikanischen Politik nach dem Mueller-Bericht oder dem Bericht über die Untersuchung der russischen Einmischung bei den

Präsidentschaftswahlen 2016. In der Tat war Craig in den oberen Rängen der Demokratischen Partei hoch angesehen, da er gut in der Obama-Administration gedient und ab dem 10. Juli einen guten Eindruck als Anwalt des Weißen Hauses in der Clinton-Administration hinterlassen hat. 1997 - 16. September 1998. Aus diesem Grund überraschte seine Anklage vom April 2019, Informationen aus dem Justizministerium zurückzuhalten und absichtlich falsche Informationen zu übermitteln, viele Menschen.

Craig wäre heute vielleicht nicht in heißem Wasser gelandet, wenn er nach seinem Ausscheiden aus der Anwaltskanzlei im Weißen Haus im Jahr 2010 zu seiner alten Anwaltskanzlei Williams & Connolly zurückgekehrt wäre, oder wenn er das verlockendere Angebot abgelehnt hätte, für die renommiertere Anwaltskanzlei Skadden, Arps, zu arbeiten. Slate, Meagher & Flom LLP und verbundene Unternehmen, manchmal auch Skadden Arps oder Skadden genannt. Er wird jedoch im Januar 2010 als Partner der Global Policy and Litigation Strategy Practice Group in die Kanzlei eintreten und von ihrem Büro in Washington DC aus Arbeiten für die Kanzlei ausführen, in denen hochkarätige Kunden wie Goldman Sachs und John Eduard, der demokratische Kandidat für den Vizepräsidenten, vertreten sind in 2004.

Die Entstehung des Ganzen war der Mai 2010, an dem Tag, an dem die ukrainische Generalstaatsanwaltschaft eine Reihe von Strafverfahren gegen Julia Timoschenko einleitete, die nach dem Verlust der Präsidentschaftswahl gegen Janukowitsch am 7. Februar 2010 heftig dagegen war an den neuen ukrainischen Präsidenten. Craig hätte vorsichtig werden müssen, nachdem das Europäische Parlament eine Resolution verabschiedet hatte, in der die Regierung von Janukowitsch wegen der Verfolgung von Timoschenko und wegen der Verfolgung mehrerer Fälle gegen sie und ihre Minister verurteilt wurde, darunter der "Gasfall", der auf einem Vertrag beruhte, den sie 2009 mit der Russischen Föderation unterzeichnete Am prominentesten war das russische Gasunternehmen Gazprom, das in seiner Eigenschaft als ukrainischer Ministerpräsident Erdgas an die Ukraine liefern sollte. Das Gericht beschuldigte Timoschenko des Machtmissbrauchs und der Unterschlagung, da der Deal nicht dem ukrainischen Interesse diene und es nicht diene Dies würde zu einer Verurteilung zu sieben Jahren Gefängnis führen, unter anderem zu Strafen, die sie seit dem 30. Dezember 2011 verbüßt.

Einige Experten sind der Ansicht, dass Craig in rechtliche Schwierigkeiten geriet, nachdem er sich nicht als ausländischer Agent registriert hatte, was gegen das Gesetz verstößt, das Lobbyisten dazu verpflichtet, wenn sie im Namen ausländischer Regierungen Lobbyarbeit betreiben. Dies geschah nach einem Auftrag von 2012 für die ukrainische Regierung unter der Präsidentschaft von Viktor Janukowitsch, der von den westlichen Regierungen wegen seiner pro-russischen Haltung verspottet wurde und für die Inhaftierung von Julia Timoschenko verantwortlich war, einer Geliebten des Westens und einer Held der Orangen Revolution 2004 in der Ukraine. Obwohl die Regierung Janukowitsch das Team von Skadden-Anwälten beauftragte, führte Craig dazu, Fehler im Timoschenko-

Prozess zu untersuchen. und obwohl der von Craig angeführte Bericht zeigte, dass Julia Timoschenko daran gehindert wurde, in "kritischen Phasen" des Gerichtsverfahrens einen Rechtsbeistand zu haben, und dass kritische Zeugen vorgeladen wurden, um ihre Verteidigung zu verbessern; Der Bericht kam zu dem Schluss, dass Timoschenkos Überzeugung von Janukowitsch nicht politisch motiviert war, die Opposition zu ersticken, und dass sie durch Beweise gestützt wurde.

Craig hat es nicht nur versäumt, seinen kontroversen Bericht unter Journalisten und Kongressmitgliedern zu bewerben, sondern auch die Anwälte und Menschenrechtsgruppen von Timoschenko nicht überzeugt. Aus diesem Grund waren nicht viele Menschen überrascht, als er im April 2018 aus Skadden ausschied, nachdem gegen Alex van der Zwaan, einen Anwalt im Londoner Büro der Kanzlei, Anklage erhoben hatte. Viele Leute dachten jedoch, die Angelegenheit sei endgültig geklärt, nachdem Skadden im Rahmen eines Vergleichs mit dem US-Justizministerium 4,6 Millionen US-Dollar für nicht registrierte Arbeiten gezahlt hatte, die die Anwaltskanzlei in Zusammenarbeit mit Paul Manafort für die Regierung von Janukowitsch geleistet hatte. Seine Anklage vom April 2019 war in Ordnung eine Überraschung. Es ist jedoch sein Prozess, der für den 19. August 2019 angesetzt ist und das Ausmaß des Ukraine-Debakels in der gesamten Untersuchung des Special Counsel bestimmen wird, das noch viele Monate oder vielleicht sogar noch viele Jahre nachwirken wird.

V: The Russians

Wir werden wahrscheinlich das große Ganze verpassen und die Ernsthaftigkeit der Arbeit der Special Counsel-Untersuchung zur Einmischung Russlands in die Wahlen 2016 in den Vereinigten Staaten und die verdächtigen Verbindungen zwischen Mitarbeitern von Donald Trump und russischen Beamten untergraben, wenn wir uns nicht mit den Russen auseinandersetzen, die in den USA gefangen wurden Fadenkreuz der Special Counsel-Untersuchung und fand einen Platz im Mueller-Bericht, und insbesondere dann, wenn wir uns stattdessen oder ausschließlich auf die amerikanischen Schauspieler in einer angeblich dramatisch besetzenden Mutter Russland als Hauptschurke konzentrieren, die ihre Kinder zum "Entweihen" brachte die Heiligkeit der amerikanischen Wahlen, indem sie sich in Amerikas Wahlmaschinerie einhacken und einige der an den Kampagnen und Wahlen beteiligten Akteure beeinflussen.

Obwohl kein einziger russischer Staatsbürger verurteilt oder verurteilt wurde, waren die meisten Angeklagten Russen. Wir können die Angeklagten in drei Kategorien einteilen:

1. Der gebürtige Ukrainer Konstantin Kilimnik, der nach seiner Hochschulausbildung in Russland und seiner frühen Tätigkeit dort auch die russische Staatsbürgerschaft innehat, ist der prominenteste

Russe, der von der Jury der Special Counsel-Untersuchung wegen Behinderung von Justiz und Justiz angeklagt wird der Verschwörung., die Justiz durch den Versuch zu behindern, einen Zeugen im Namen von Paul Manafort zu manipulieren. Kilimnik, der mehr als ein Jahrzehnt von seiner Basis in der ukrainischen Hauptstadt Kiew aus für Manafort gearbeitet hat, wird im Mueller Report ausführlich erwähnt und als mit dem russischen Geheimdienst verbunden angesehen, was er wiederholt und vehement bestritten hat. Was er jedoch nicht leugnen konnte, waren seine Verbindungen zu russischen und ukrainischen Wirtschaftsmogulen wie Oleg Deripaska, Rinat Akhmetov und Serhiy Lyovochkin. Die Mueller-Ermittlungen ergaben, dass seine Geschäftsbeziehungen mit Manafort im Frühjahr und Sommer 2018 kriminell waren, als er angeblich als Verbindungsglied zwischen Manafort und Interessen fungierte, die sich gegen die von den Amerikanern / der EU unterstützte Regierung in der Ukraine nach Janukowitsch stellten - also diejenigen, die sich gegen die ehemaliger ukrainischer Präsident Janukowitsch, Russland, und pro-russische Truppen in der Ukraine. Kilimnik schloss seine Anklageschrift am 8. Juni 2018 durch einen E-Mail-Austausch mit der Washington Post am 5. April 2019 ab, in dem er unter anderem Folgendes feststellte: *"Ich habe keine Verbindungen zu Russland oder zu Geheimdiensten... Dies ist einer der größten Fehler in der öffentlichen Wahrnehmung und im Bericht. Es basiert einfach nicht auf irgendwelchen Fakten und ist eine erfundene Erzählung... Ich habe absolut nichts mit der Einmischung Russlands in die von Herrn Müller untersuchten US-Wahlen zu tun.."*

Der Haken dabei ist jedoch, dass er, obwohl der sowjetische und spätere russische Geheimdienst ihn an der Moskauer Militäruniversität ausgebildet und ausgebildet hat, behauptet, er sei Anfang der 2000er Jahre aus dem russischen Bundessicherheitsdienst entlassen worden.

2. Drei Tage vor dem Treffen von Präsident Donald Trump mit dem russischen Präsidenten Wladimir W. Putin in Helsinki, Finnland, wurden im Rahmen der Sonderermittlung 12 Russen angeklagt, die als Geheimdienstagenten für die russische GRU (der ausländischen militärischen Geheimdienstbehörde des Generalstabs der Streitkräfte) gelten Streitkräfte der Russischen Föderation) mit der Begründung, sie hätten das Demokratische Nationalkomitee und die Präsidentschaftskampagne von Clinton gehackt. Unter Berufung auf eine Litanei dreister Täuschungsmanöver, die diese Agenten angeblich mit der Absicht durchgeführt hatten, kurz vor dem 8. November 2016 Chaos zu stiften, präsentierte die 29-seitige Anklage einen Fall gegen Russland, der für einen Durchschnittsbürger schwer zu entlassen ist. Zu den mutmaßlichen Handlungen der

russischen Agenten gehörten Geldwäsche, Phishing und der Versuch, Zugang zum Wahlvorstand mehrerer US-Bundesstaaten zu erhalten. Pro-Trump-Kräfte und Russland betrachteten den Zeitpunkt der Anklageschrift jedoch als gut geplanten Versuch, den Gipfel von Helsinki am 16. Juli 2018, den ersten zwischen den beiden Präsidenten, zu torpedieren, von dem sie hofften, dass er den sich entwickelnden Kalten Krieg zwischen Russland auftauen würde und die USA und ihre Verbündeten, die durch den Sturz des ukrainischen Janukowitsch, die Machtübernahme pro-westlicher Streitkräfte in der Ukraine, die Annexion der ukrainischen Provinz Krim durch Russland (Sowjetrußland bis 1956, als der damalige Führer der Sowjetunion) ausgelöst wurden Nikita Chruschtschow übertrug es an die Sowjetrepublik der Ukraine und den bewaffneten Konflikt im Donbass der Ukraine (die Provinzen Lugansk und Donezk, die die Hochburgen des abgesetzten ukrainischen Präsidenten waren). Die Tatsache, dass keiner der zwölf russischen Geheimdienstagenten angeklagt wurde, zumal sie außerhalb der amerikanischen Gerichtsbarkeit im Ausland leben, macht die Überprüfbarkeit der gegen sie erhobenen Anklagen in der Tat schwierig und kontrovers. Außerdem schützt die Verfassung Russlands ebenso wie die der USA ihre Bürger im Allgemeinen vor Auslieferung und Deportation. Deshalb ist es höchst unwahrscheinlich, dass ein russischer Staatsbürger zur Entscheidung in die Vereinigten Staaten von Amerika gebracht wird.

3. Die 13 Russen und drei Unternehmen, die am 16. Februar 2018 angeklagt wurden, weil sie die Donald-Trump-Kampagne unterstützt hatten, sollen einen Teil der russischen Einmischung darstellen, die die Untersuchung des Special Counsel offenbar nicht als direkte Handarbeit der russischen Geheimdienste ansieht. Beschrieben als ein ausgeklügeltes Netzwerk, das gezielte Kandidaten und das amerikanische politische System untergrub, beinhaltete die Zusammenschaltung unter anderem ein reibungslos funktionierendes Internet Research Agency in der russischen Kaiserstadt St. Petersburg und soll sich bis in die sozialen Feeds in den USA ausgeweitet haben USA durch Social-Media-Kampagnen, die darauf abzielen, Amerikaner anzugreifen, ihre politischen Spaltungen zu verschärfen und Kundgebungen zu organisieren, insbesondere in den Wahlkampfstaaten, zum Nutzen von Donald Trump. Zu den 13 angeklagten russischen Zivilisten gehörten Kunden von Richard Pinedo, die ihm über das Internet Bankkonten abkauften. Die Tatsache, dass sich alle drei angeklagten Unternehmen im Besitz des Catering-Geschäftsmagnaten Jewgeni Prigoschin befinden, der nicht nur einer der 13 Angeklagten ist, sondern auch zufällig mehrere Abendessen für ausländische Würdenträger, an denen auch Wladimir Putin

teilgenommen hat, in Russland veranstaltet hat, verleiht der ganzen Angelegenheit eine Bedeutung bizarre Wendung. Wie in der anderen Kategorie von Fällen, in denen Russland beteiligt war, war in diesen Anklagen kein Fortschritt zu erwarten. Als am 08. Mai 2019 zwei Anwälte eines der angeklagten Unternehmen - Concord Management and Consulting, LLC - vor dem Bundesgericht in Washington auftauchten, um sich nicht der Anklage schuldig zu machen, stellten sie die Behauptungen in Frage durch das Büro von Müller, dass die russische Regierung nicht mit ihren Bemühungen zusammengearbeitet hatte, Vorladungen zu denjenigen zuzustellen, die angeklagt wurden, an einer unerbittlichen, gut finanzierten und vielschichtigen Operation beteiligt gewesen zu sein, die die Präsidentschaftswahlen 2016 untergraben hatte.

Heute ist es offensichtlich, dass die erwarteten Urteile zu den Fällen, in denen Michael Flynn, Rick Gates und Roger Stone verwickelt waren, die Amerikaner nicht mehr so aufrühren wie vor der Veröffentlichung des Berichts über die Untersuchung des Special Counsel. Nach Meinung einiger entlastete der Müller-Bericht Donald Trump und sein Team versehentlich von Absprachen mit Russland und schwächte damit unabsichtlich den Fall hinsichtlich der Beteiligung Russlands und der Russen am Ergebnis der Präsidentschaftswahlen 2016 ab.

Nun stellt sich die Frage, ob die Donald Trump-

Regierung aus ihren 30 Amtsmonaten einen Gewinn ziehen wird, indem sie ihre Erfolge nutzt, die Instrumente zur Überwindung der Herausforderungen für sie und die Amerikaner beherrscht, auf ihren Stärken aufbaut und die Bedrohungen für sie neutralisiert und indem sie die Chancen nutzt, die sie erfolgreich nutzen kann, um sie in den nächsten siebzehn Monaten so positiv zu bewältigen, dass sie ihre Gewinnchancen bei den Präsidentschaftswahlen 2020 erhöhen und Donald Trump trotz der Präsidentschaftswahlen für zwei Amtszeiten zum Präsidenten ernennen würde starke Opposition der Gegner, Feinde und Rivalen des Präsidenten.

Eine Zusammenfassung der von der Müller-Untersuchung Angeklagten

	NAME	ANKLAGE	ERGEBNISSE
	Roger Stone, ehemaliger Berater von Donald Trump	Angeklagt wegen Lügens des Kongresses, Behinderung und Zeugen manipulation	Plädierte auf nicht schuldig
	Michael Cohen, ehemaliger Rechtsanwalt von Donald Trump	Falsche Aussagen vor dem Kongress	Für schuldig befunden; verurteilt zu 3 Jahren Gefängnis 12. Dezember 2018

	NAME	ANKLAGE	ERGEBNISSE
	Paul Manafort, ehemaliger Vorsitzender der Donald Trump-Kampagne	Zwei Bundesfälle mit Steuer- und Bankbetrug, Geldwäsche und Behinderung der Justiz	7,5 Jahre Haft; 24 Millionen Dollar Rückerstattung
	George Papadopoulos, ehemaliger Adjutant von Donald Trump	Für das anlügen der FBI	Bekannte sich schuldig; zu 14 Tagen Gefängnis verurteilt.
	Michael Flynn, ehemaliger nationaler Sicherheits berater,	Für das anlügen der FBI	Für schuldig befunden wurde; Verurteilung verspätet.
	Rick Gates, ehemaliger Helfer der Trump-Kampagne	Conspiracy, für das für das Belügen des FBI und des Büros des Sonder beauftragten	Sich schuldig bekannte; Zusammenarbeit mit Staatsanwälten.

	NAME	ANKLAGE	ERGEBNISSE
	Alex van der Zwann, Anwalt	Für das anlügen der FBI	Sich schuldig bekannte; Zusammenarbeit mit Staatsanwälten.
	Richard Pinedo, Datenmakler	Identitäts betrug	Für schuldig befunden; zu sechs Monaten Gefängnis verurteilt..
	onstantin Kilimnik, Mitarbeiter von Paul Manafort	Behinderung der Justiz, Verschwörung zur Behinderung der Justiz	
	12 Geheimdienst agenten für Russlands GRU	Verschwörung wegen Computer kriminalität, Identitäts diebstahl und Geldwäsche	
	13 Russen und drei verbundene Unternehmen	Verschwörung, um die Vereinigten Staaten zu betrügen, Verschwörung, um Draht- /	

NAME	ANKLAGE	ERGEBNISSE
	Bankbetrug zu begehen, Identitäts diebstahl	

Name	Anklage	Ergebnis

QUELLE: Bundesgerichtseinreichungen über AP

KAPITEL VIER

Vorläufer

Cassandra (auch Alexandra genannt) war in der griechischen Mythologie eine trojanische Prinzessin und Seherin, die mit der Macht verflucht war, Prophezeiungen auszusprechen, die, obwohl sie wahr war, von ihren Mitmenschen niemals geglaubt wurden, insbesondere die, diese Prophezeiungen sollten helfen, weil ihr die Macht entzogen wurde der Überzeugung. Ihre bemerkenswertesten Prophezeiungen betrafen die Entführung Helens durch ihren Bruder Paris, den Trojanischen Krieg und die Zerstörung Trojas.

Es ist in Ordnung, wenn sich die verschiedenen Lager in einem Rennen davon überzeugen, dass sie sich gegen ihre Gegner durchsetzen können. Schließlich ist dies die Essenz des Wettbewerbs oder der Grund, warum Menschen und Unternehmen miteinander konkurrieren - sie freuen sich darauf, die Vorteile ihrer Siege zu gewinnen und zu nutzen. Tatsächlich wollen sie nicht nur gewinnen. Sie erwarten, dass sie sich gegen ihre Gegner durchsetzen und ihre besiegten Rivalen davon abhalten, sie erneut herauszufordern. Und wie so oft werden sie sich erst in letzter Minute auf den Wettkampftag vorbereiten.

Ängste oder Bedenken in Bezug auf Ihren Gegner zu äußern, wird oft als Maß dafür angesehen, wie stark Sie die Konkurrenz (en) oder die Konkurrenz, gegen die Sie antreten, einschätzen können. Die Angst könnte lähmen, wenn Sie sich überwältigen lassen. Wenn es jedoch um die wahren Macher dieser Welt geht, ist Angst oft ein Motivator, der sie aus ihrer Selbstzufriedenheit treibt und ihre Sinne bewegt, um Hindernisse zu überwinden, von denen sie sich nicht vorstellen konnten, dass sie sich gegen einen Short durchsetzen Vor einiger Zeit. Die Angst stärkt sie dann; Die Angst wird zu einer Stärke, zu einem Kanal des Wissens. Schließlich hat Sun Tzu, der alte, aber berühmte chinesische General, Militärstratege, Schriftsteller und Philosoph, in seinem denkwürdigen Buch "Die Kunst des Krieges" die Bedeutung der Kenntnis Ihres Feindes zum Ausdruck gebracht, als er unter anderem schrieb: *"If Wenn Sie den Feind kennen und sich selbst kennen, brauchen Sie das Ergebnis von hundert Kämpfen nicht zu fürchten."*

Aus diesem Grund äußerten Elemente der linken Medien, insbesondere jene, die sich im Laufe der Jahre den Ruf erarbeitet hatten, gegen den 45. Präsidenten der Vereinigten Staaten von Amerika gewalttätig zu sein, Bedenken, die ihrem Publikum explizit oder implizit sagten, dass sie auch Donald Trump denken Wenn nicht etwas Dramatisches passiert, wird von uns erwartet, dass wir die Präsidentschaftswahlen 2020 ernst nehmen. Einige mögen diese eigenartigen Antitrumpisten sehen, die diese Gefühle als Botschafter des Untergangs wiedergeben, ohne zu wissen, dass es andere gibt, die in den Aussagen der angeblichen Untergangsjäger etwas Komplexeres erkennen. Diese fragenden Anti-Trump-Leute sehen Wissen, wenn nicht Weisheit, die von den "Cassandristen" in den Medien verbreitet wird. In gewisser Weise warnen die Anti-Trump-Medien, die diese anscheinend negativen Ansichten widerspiegeln, die demokratischen Hoffnungsträger und die Demokratische Partei im Allgemeinen, den Mann, den sie in den letzten vier Jahren verfolgt haben, nicht zu unterschätzen, in der Hoffnung, ihn in Unordnung zu bringen.

Tatsächlich wiederholte ein Artikel von Vox.com vom 22. März 2019 diese Einschätzung in seinem ersten Absatz mit folgendem Wortlaut: *"Für Demokraten steht bei den Wahlen zum Jahr 2020 eine große Angst bevor: Eine boomende Wirtschaft könnte Donald Trump retten."*

Es ist jedoch der Artikel von Goldman Sach vom 25. Juni 2019, in dem Donald Trump für die Wiederwahl im Jahr 2020 gewürdigt wird, der die Augenbrauen hochzieht. Unter dem Titel "Das Goldman Sachs Donald Trump-

Diagramm, das Demokraten im Augenblick erschrecken sollte" wurde der Artikel von Vox.com unter Verwendung der Matrix des Bruttoinlandsprodukts (BIP) ausgeweitet, die zwar nicht das vollständige Maß für das wirtschaftliche Wohlergehen eines Landes darstellt. hat eng mit den vergangenen Wahlerfolgen in den USA korreliert, wenn die Wirtschaft nicht schrumpft oder stagniert, und insbesondere, wenn das BIP-Wachstum gut ist. Der Artikel von Goldman Sachs war kurz und bündig in seiner Vorhersage oder Vorsicht, als er schrieb: *"Es geht vielmehr darum, dass die Wirtschaft vor den Wahlen geschwächt werden könnte. Die Wachstumsschätzung von Goldman für 2,2% bedeutet jedoch bereits eine Abschwächung gegenüber 2,9% im Vorjahr. Es könnte immer noch gerade genug sein."*

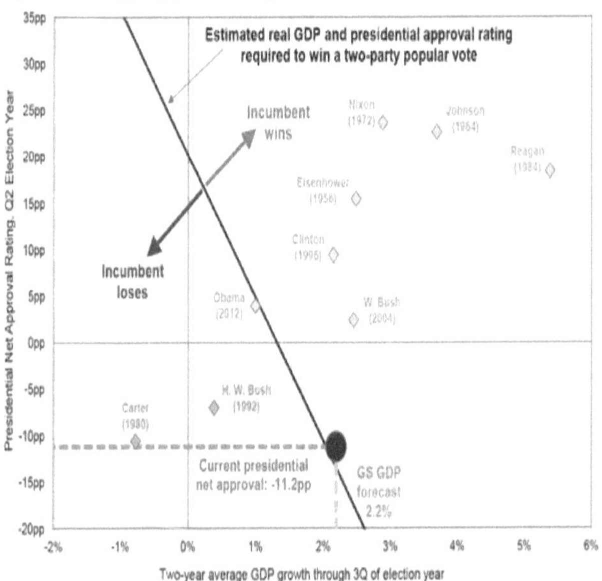

Es ist nicht schwer zu verstehen, warum sich die amerikanische multinationale Investmentbank und das Finanzdienstleistungsunternehmen so viel mit der Wirtschaft auseinandersetzen mussten. Es ist eine Geschäftseinheit und als solche lebt es von einer robusten Wirtschaft, denn eine boomende Wirtschaft ist gut für Unternehmen. Deshalb sieht Goldman Sachs einen unvermeidlichen Donald Trump-Sieg im Jahr 2020, wenn die Präsidentschaftswahlen hauptsächlich auf dem Rücken der Wirtschaft ausgetragen werden. Es gibt jedoch noch andere Faktoren, die Donald Trump nutzen kann, um die Präsidentschaftswahlen 2020 trotz oder zusätzlich zur Wirtschaft zu gewinnen. Einer von ihnen hat mehr mit Psychologie als mit irgendetwas anderem zu tun. Amtsinhaber haben eine 2: 1-Chance auf eine Wiederwahl, wie aus der folgenden Tabelle deutlich hervorgeht. In diesem Kapitel wird jedoch nicht näher auf die Unbeständigkeit und die damit verbundenen Vorteile eingegangen. Wir werden uns ansehen, was die Vereinigten Staaten von Amerika bewegen und wie Donald Trump sie ausnutzt, um das Rennen um das Weiße Haus 2020 zu gewinnen.

Regionen der Vereinigten Staaten von Amerika

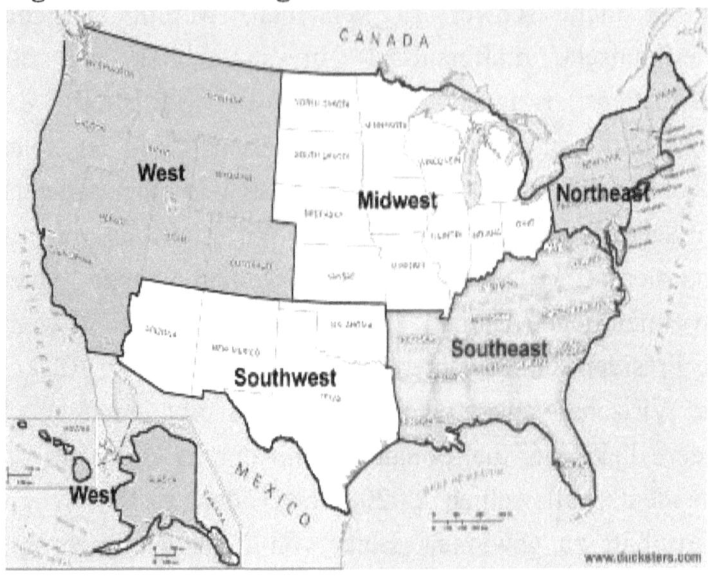

Midwest	Mittlerer Westen
Northwest	Nordwest
Southeast	Süd-Ost
Southwest	Südwesten
West	Westen

TABLE 2

Has the Party Holding the Presidency Kept It?[a]

Elections with an Incumbent Candidate Running

Yes, Kept the Presidency (N = 21)	No, Lost the Presidency (N = 10)
1792 Washington	1800 J. Adams lost to Jefferson
1804 Jefferson	1828 J.Q. Adams lost to Jackson
1812 Madison	1840 Van Buren lost to W.H. Harrison
1820 Monroe	1888 Cleveland lost to B. Harrison
1832 Jackson	1892 B. Harrison lost to Cleveland
1864 Lincoln	1912 Taft lost to Wilson
1872 Grant	1932 Hoover lost to F.D. Roosevelt
1900 McKinley	1976 Ford lost to Carter
1904 T. Roosevelt	1980 Carter lost to Reagan
1916 Wilson	1992 G.H.W. Bush lost to Clinton
1924 Coolidge	
1936 F.D. Roosevelt	
1940 F. D. Roosevelt	
1944 F.D. Roosevelt	
1948 Truman	
1956 Eisenhower	
1964 L.B. Johnson	
1972 Nixon	
1984 Reagan	
1996 Clinton	
2004 G.W. Bush	

Has the Party Holding the Presidency Kept it?	Hat es die Partei, die die Präsidentschaft innehat, gehalten?
Elections with an Incumbent Candidate Running	Wahlen mit einem amtierenden Kandidaten.
Yes, Kept the Presidency	Ja, die Präsidentschaft behalten
No, Lost the Presidency	Nein, die Präsidentschaft verloren

Auf unserer Hand in Hand-Reise, um die Faktoren zu analysieren, die die Ergebnisse der Präsidentschaftswahlen 2020 bestimmen würden, werden wir mit den nie zuvor ergründeten Themen konfrontiert, die in den verschiedenen Regionen des Landes weiterentwickelt werden, um das 2020-Rennen um die Weißen zu schaffen Haus das bunteste seiner Zeit.